KB087482

일본어 마스터로 가는 새로운 길라잡이

2ND EDITION

다락원
뉴코스
일본어

STEP
4

조영남·채성식·아이자와 유카·나카자와 유키 공저

다락원

머리말

"구슬이 서말이라도 꿰어야 보배?"

본 『다락원 뉴코스 일본어』시리즈의 머리말을 뜬금없이 속담으로 시작한 데에는 시리즈의 구성, 나아가 외국어 학습의 본질과 관련된 나름의 이유가 있습니다.

시리즈의 후반부에 해당하는「Step 4·5·6」은, 전반부인「Step 1·2·3」을 통해 일본어의 기초를 다진 학습자를 대상으로, 보다 상급 레벨의 일본어 구사를 위해 필수적인 '회화 능력의 향상'을 주된 목표로 하고 있습니다. 일본어를 처음 접하는 학습자가 단시간 내에 효율적으로 일본어에 익숙해질 수 있도록 다양한 문법 항목과 어휘, 표현 등에 관한 지식 전달에 주안을 둔 것이「Step 1·2·3」이라면,「Step4·5·6」은 이들이 실생활에서 '언제, 어디서, 어떻게' 사용되고 있는가를 (회화)장면별·기능별로 분류 ·제시함으로써 종합적이면서도 실전적인 일본어 능력의 배양을 꾀하고 있습니다.

혹자는 외국어를 학습함에 있어 '언어몰입교육(Language immersion)'의 중요성을 재삼 강조하곤 합니다. 종래의 단순 암기, 주입식 위주의 외국어 학습법에서 벗어나 학습자가 해당 외국어를 자연스럽게 체득할 수 있는, 말 그대로 그 '언어에 몰입'할 수 있는 학습 환경(예를 들어, 영어마을 등)을 조성·제공해야 한다는 것이 본연의 취지입니다. 이러한 '언어몰입교육'이 여타 학습법과 크게 차별화되는 부분은 무엇보다도 학습자가 지닌 파편화된 언어능력을 유기적으로 결합시켜 외국어 학습의 지상 과제인 '모어 화자와의 자연스러운 의사소통'을 실현시키는 데 있다고 해도 과언이 아닙니다.

'구슬(파편화된 언어능력)'과 '보배(의사소통 능력)'는 전혀 이질적인 대상은 아니지만, 그렇다고 해서 이들이 단순히 요소(要素)와 집합(集合)의 관계를 맺고 있다고만 볼 수도 없습니다. 문법, 어휘, 표현 등에 관한 지식이 아무리 풍부하다 하더라도 그 단순합이 탁월한 의사소통 능력으로 그대로 이어지는 경우는 극히 드물기 때문입니다. 결국 '1+1=2'가 아닌 '1+1+α=2'라는 목표하에 변수 'α'를 도출해 가는 과정이야말로 바로 '구슬을 꿰어 보배로 만들어가는 작업'일 것이며, 이는 본『다락원 뉴코스 일본어』「Step 4·5·6」이 추구하는 궁극의 과제임과 동시에 꼭 담보하고자 하는 내용이기도 합니다.

본『다락원 뉴코스 일본어』「Step 4·5·6」은 난이도 측면에서는 '초·중급(Step4)', '중급(Step 5)', '상급(Step 6)'으로 구성되어 있으며, 내용·형식적 측면에서는 '장면별 회화(Step 4)', '기능별 회화(Step 5)', '프리토킹(Step 6)'의 순으로 구성되어 단계별 학습과 상황별 학습이 유기적으로 맞물려 입체적으로 진행될 수 있도록 하였습니다. 특히 '프리토킹(Step 6)'에서는 12항목의 大주제를 설정하는 한편 각 항목별로 복수의 小주제를 두어 다양한 화제를 통해 실제적인 회화 능력을 함양할 수 있는 틀을 마련하고 있습니다.

아무쪼록 본『다락원 뉴코스 일본어』시리즈가 일본어 학습에 있어 '구슬'을 '보배'로 만드는 데 일조하는 믿음직한 도우미로 자리매김할 수 있기를 진심으로 바라 마지않습니다. 마지막으로 초판부터 개정판 간행에 이르기까지 물심양면으로 성원해주신 ㈜다락원 정규도 대표이사님과 저희의 졸고를 옥고로 다듬어주신 일본어 출판부 여러분들께 감사의 말씀을 드립니다.

저자 일동

교재의 구성과 특징

❶ 이 책은 『다락원 뉴코스 일본어』 시리즈의 4단계 교재입니다.

❷ 회화 초·중급 교재로, 흥미로운 12가지 장면별 회화로 구성되어 있습니다.

❸ 총 12과이며, 각 과는 「ウォーミングアップ」「表現」「いれかえ練習」「ダイアローグ」「表現を広げよう」「ロールプレイ」로 이루어져 있습니다.

❹ 부록에는 「ウォーミングアップ」「いれかえ練習」「ダイアローグ」「表現を広げよう」「ロールプレイ」의 정답과 예시를 실었습니다.

❺ 오디오 MP3에는 「表現」「いれかえ練習」「ダイアローグ」「表現を広げよう」의 내용을 실었습니다.

각 과에서 배울 내용을 간단하게 - - - - - - - - - - - - - - - ▸
제시합니다.

ウォーミングアップ

간단한 질문과 그림을 보며 각 과에서 배울
내용을 생각해 봅니다.

表現

각 장면에서 사용하는 표현을 제시합니다.

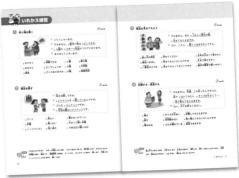

いれかえ練習

「表現」에서 학습한 내용을 연습합니다.

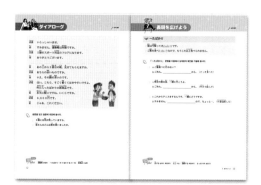

ダイアローグ

앞서 배운 표현이 실제 장면에서 어떻게 사용되는지
회화를 통해 익힐 수 있습니다.

表現を広げよう

표현 이외의 중요 문법 사항을
정리하고, 문제풀이로 복습합니다.

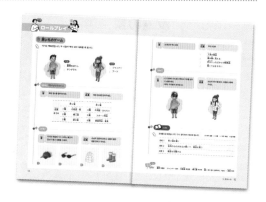

ロールプレイ

게임을 통해 배운 내용을 복습합니다.

単語チェック

각 과에서 알아두어야 할 단어들을 테마별로
뽑아 정리했습니다. 외운 단어를 확인할 수 있는
확인 상자가 표시되어 있습니다.

모범답안

각 과의 「いれかえ練習」 「表現を広げよう」
「ロールプレイ」 등의 모범답안과 예시를 실었습니다.

차례

주요등장인물

金ミンス (26세)
일본 기업에서 일하고
있음.

李ナリ (23세)
한국에서 온 유학생. 대
학의 경제학부에서 공부
하고 있음.

<ruby>山下舞<rt>やましたまい</rt></ruby> (22세)
김민수의 동료.

<ruby>山下愛<rt>やましたあい</rt></ruby> (19세)
이나리의 대학 동급생.
야마시타 마이의 여동생.

デパート

이 과에서는 쇼핑이나 상품의 교환 등을 할 수 있도록
백화점에서 자주 쓰는 표현을 배웁니다.

1 あなたはよくデパートに行きますか。

2 買ったものを交換したことがありますか。

☑ 이 단어 알고 있나요?

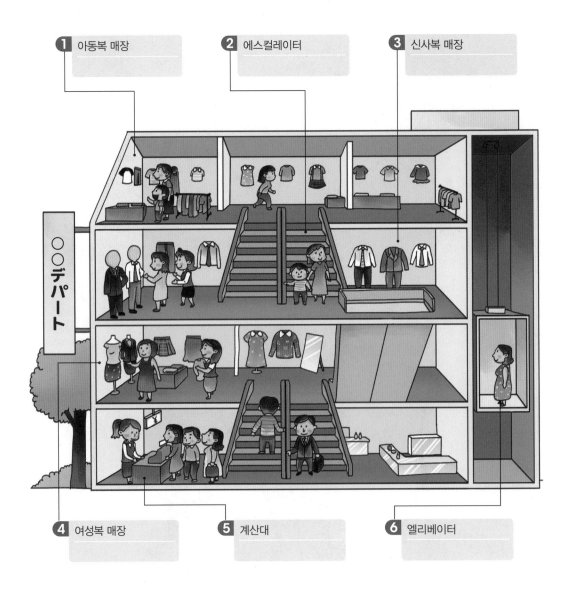

| 1 아동복 매장 | 2 에스컬레이터 | 3 신사복 매장 |

| 4 여성복 매장 | 5 계산대 | 6 엘리베이터 |

表現

ポイント表現 MP3 **02**

1	売り場を聞く	・すみません。靴売り場はどこですか。
2	商品を探す	・ジャケットを探しているんですが。 ・冬用の暖かいジャケットです。
3	商品を見せてもらう	・すみません。あの上から3番目の靴、見せてもらえますか。
4	交換する・返品する	・取り替えてもらえますか。 ・返品できますか。

応用表現 MP3 **03**

✦	試着する	・このスカートをはいてみてもいいですか。 ・このコート、試着できますか。
✦	理由を話す	・サイズが合わないみたいなんです。 ・これ、プレゼントでもらったんですが、同じようなものを持っているので。
✦	交換する・返品する	・他のものと取り替えていただきたいんですが。 ・すみませんが、返品をお願いできますか。

表現 표현 | **売り場** 매장 | **商品** 상품 | **探す** 찾다 | **ジャケット** 재킷 | **冬用** 겨울용 | **見せる** 보여 주다 | **～番目**
～번째 | **取り替える** 바꾸다 | **返品する** 반품하다 | **応用** 응용 | **試着する** (옷이 몸에 맞는지) 입어 보다 | **理由** 이유 |
合う 맞다

① 売り場を聞く

A いらっしゃいませ。

B すみません。 a 靴売り場は b どこですか。

A c 5階の d スポーツ用品のフロアになります。

B ありがとうございます。

1 a ネクタイ   b 何階ですか   c 3階   d 紳士服

2 a おもちゃ   b どこでしょうか   c 6階   d 子供服

3 a 家具   b どこにありますか   c 8階   d 家庭用品

② 商品を探す

A 何をお探しですか。

B a ジャケットを b 探しているんですが。

A どんな a ジャケットですか。

B c 冬用の暖かいジャケットです。

1 a ブーツ   b 見たい   c 黒のロングブーツ

2 a 手帳   b 買いたい   c 小さくて薄い手帳

3 a ノートパソコン   b 見に来た   c できるだけ軽いもの

いれかえる 바꿔 넣다 | スポーツ用品 스포츠 용품 | フロア 플로어, 마루, 층 | 紳士服 신사복 | おもちゃ 장난감
子供服 아동복 | 家具 가구 | 家庭用品 가정용품 | ブーツ 부츠 | ロングブーツ 롱부츠 | 薄い 얇다 | 手帳 수첩
ノートパソコン 노트북 컴퓨터 | 軽い 가볍다

③ **商品を見せてもらう** MP3 **06**

A すみません。あの a<u>上から３番目の靴</u>、
b<u>見せて</u>もらえますか。
B はい。こちら、c<u>軽くて</u>はきやすいですよ。

1 a<u>真ん中の時計</u>　　b<u>見せて</u>ください　　　　c<u>文字が大きくて見やすい</u>

2 a<u>黄色いかばん</u>　　b<u>見せて</u>もらいたいんですが　c<u>丈夫で持ちやすい</u>

3 a<u>一番右のスマホ</u>　b<u>見せて</u>もらってもいいですか　c<u>操作が簡単で使いやすい</u>

④ **交換する・返品する** MP3 **07**

A すみません。先週、これ買ったんですけど、
家で a<u>はいて</u>みたら、b<u>サイズが小さくて</u>…。
c<u>取り替えて</u>もらえますか。
B はい、少々お待ちください。

1 a<u>着る</u>　　　　b<u>サイズが大きい</u>　c<u>交換して</u>もらえますか

2 a<u>試す</u>　　　　b<u>全然動かない</u>　　c<u>取り替えて</u>もらいたいんですが

3 a<u>確かめる</u>　　b<u>ふたが壊れている</u>　c<u>返品</u>できますか

 単어　**真ん中** 한가운데, 한복판 | **文字** 문자, 글자 | **丈夫だ** 튼튼하다 | **操作** 조작 | **試す** 시험하다, 실지로 해보다 | **全然**
전혀 | **確かめる** 확인하다 | **ふた** 뚜껑다 | **壊れる** 고장이 나다, 망가지다

店員 てんいん	いらっしゃいませ。
金 キム	すみません。運動靴は何階ですか。
店員 てんいん	5階のスポーツ用品のフロアになります。
金 キム	ありがとうございます。

金 キム	あの上から3番目の靴、見せてもらえますか。
店員 てんいん	あちらの赤いものですか。
金 キム	いえ、その隣の青いのです。
店員 てんいん	はい。こちら、すごく軽くてはきやすいですよ。 昨日入ったばかりの新商品です。
金 キム	本当に軽いですね。いくらですか。
店員 てんいん	6,800円です。
金 キム	じゃあ、これください。

 본문을 읽고 질문에 대답해 봅시다.

1　5階には何が売っていますか。

2　金さんはどんな靴を買いましたか。

運動靴 운동화 ｜ ～たばかり ～한 지 얼마 안 됨, 막 ～함 ｜ 新商品 신상품

表現を広げよう

🌱 ～たばかり

・彼は今帰ってきたばかりです。

・ご飯を食べたばかりなので、もうこれ以上食べられません。

📎 「～たばかり」 문형을 이용해서 상대방의 제안을 거절해 봅시다.

1. A ご飯食べに行かない？

 B ごめん。＿＿＿＿＿＿＿＿＿＿＿＿から。（さっき食べた）

2. A 明日の飲み会、一緒に行こうよ。

 B ごめん。＿＿＿＿＿＿＿＿＿＿＿＿から。（昨日も飲んだ）

3. A これからテニスをするんです。一緒にどうですか。

 B すみません。＿＿＿＿＿＿＿＿＿＿＿ので、ちょっと…。（先週退院した）

広げる 넓히다, 확장하다 ｜ 以上 이상 ｜ 退院する 퇴원하다 ｜ さっき 아까, 방금 전

ロールプレイ

買^かいものゲーム

여기는 백화점입니다. 두 사람이 짝이 되어 대화를 해 봅시다.

살 것

1 夏用^{なつよう}のぼうし
2 サングラス

살 것

3 ジャンパー
4 ブーツ

과제 1 백화점 안내 데스크

| 客^{きゃく} | 매장 장소를 물어보세요. | 店員^{てんいん} | 매장 장소를 알려주세요. |

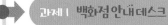

		売^うり場^ば		売^うり場^ば
店員^{てんいん} 층 안내	1 階^{かい}	化粧品^{けしょうひん}・靴^{くつ}	4 階^{かい}	子供服^{こどもふく}・おもちゃ
	2 階^{かい}	婦人服^{ふじんふく}	5 階^{かい}	スポーツ用品^{ようひん}
	3 階^{かい}	紳士服^{しんしふく}	6 階^{かい}	家庭用品^{かていようひん}・家具^{かぐ}

과제 2

| 客^{きゃく} | 각각의 매장에 가서 사려는 물건이 있는지 묻고 상품을 사세요. | 店員^{てんいん} | 손님의 질문에 답하고 상품의 좋은 점을 말하고 파세요. |

1　　2　　3　　4

| 客_{きゃく} | 살 물건의 색과 모양 | 店員_{てんいん} | 추천 포인트 |

<table>
<tr><td>客
きゃく</td><td>살 물건의 색과 모양</td><td>店員
てんいん</td><td>추천 포인트</td></tr>
</table>

1	人気_{にんき}の商品_{しょうひん}
2	顔_{かお}が細_{ほそ}く見_みえる
3	昨日_{きのう}入_{はい}ったばかりの新商品_{しんしょうひん}
4	軽_{かる}くてはきやすい

과제 3

| 客_{きゃく} | ·산 것 중에서 하나를 선택하여 이유를 말하고 교환하세요.
·이유는 자유롭게 생각합니다. | 店員_{てんいん} | ·손님의 이야기를 듣고, 상품을 교환해 주세요. |

GOAL

과제를 잘 해냈습니까? 다시 생각하며 체크해 봅시다.　　◎ 매우 잘함　○ 보통　△ 겨우 해냄　×잘 못함

과제 1	売_うり場_ばを聞_きく	
과제 2	目的_{もくてき}のものがあるか聞_きいて、商品_{しょうひん}を買_かう	
과제 3	商品_{しょうひん}を交換_{こうかん}する	

단어

夏用_{なつよう} 여름용 | **ジャンパー** 점퍼 | **化粧品**_{けしょうひん} 화장품 | **婦人服**_{ふじんふく} 부인복 | **細い**_{ほそ} 폭이 좁다, 홀쭉하다, 가늘다 | **目的**_{もくてき} 목적

単語チェック

알고 있는 단어들을 네모 안에 체크해 봅시다.

●● 1류동사
- □ あう(合う)
- □ さがす(探す)

●● 2류동사
- □ こわれる(壊れる)
- □ たしかめる(確かめる)
- □ とりかえる(取り替える)

●● 3류동사
- □ こうかんする(交換する)
- □ しちゃくする(試着する)
- □ たいいんする(退院する)
- □ へんぴんする(返品する)

●● い형용사
- □ うすい(薄い)
- □ かるい(軽い)
- □ ほそい(細い)

●● な형용사
- □ おなじだ(同じだ)
- □ じょうぶだ(丈夫だ)

●● 신발
- □ うんどうぐつ(運動靴)
- □ ブーツ
- □ ロングブーツ

●● 옷
- □ こどもふく(子供服)
- □ ジャケット
- □ ジャンパー
- □ しんしふく(紳士服)
- □ ふじんふく(婦人服)

●● 기타
- □ いじょう(以上)
- □ うりば(売り場)
- □ おもちゃ
- □ かぐ(家具)
- □ かていようひん(家庭用品)
- □ しょうひん(商品)
- □ しんしょうひん(新商品)
- □ スポーツようひん(スポーツ用品)
- □ そうさ(操作)
- □ ～たばかり
- □ てちょう(手帳)
- □ なつよう(夏用)
- □ ～ばんめ(番目)
- □ ふた
- □ フロア
- □ ふゆよう(冬用)
- □ まんなか(真ん中)
- □ もじ(文字)
- □ りゆう(理由)

レストラン

이 과에서는 주문을 하거나 자리를 바꾸는 등,
레스토랑에서 필요한 표현과 어휘를 배웁니다.

1 　あなたはレストランによく行きますか。

2 　あなたがよく行くおいしい店を紹介してください。

✓　이 단어 알고 있나요?

1 시다

2 짜다

3 달다

4 맵다

5 쓰다

6 중화요리

7 일본요리

8 서양요리

表現

ポイント表現

1	**メニューについて聞く**	・ この店のおすすめは何ですか。
		・ それはどんなパスタですか。
2	**注文する**	・ ランチセットを2つお願いします。あと、コーヒー2つ。
		・ 食後にお願いします。
3	**席を替えてもらう**	・ この席は狭いので、窓側の席に移ってもいいですか。
4	**苦情を言う**	・ これ、ものすごく味付けがしょっぱいんですけど。

応用表現

◆ 席の希望を話す	・ テーブル席が空いていたら、テーブル席にしてください。
◆ メニューについて聞く	・ この料理に卵は入っていますか。
	・ 量(大きさ)はどのぐらいですか。
◆ 注文を変更する・ **キャンセルする**	・ A定食を頼んだんですが、やっぱりB定食に替えてもらえますか。
	・ ステーキをやめて、パスタに変更してもいいですか。
	・ デザートのケーキ、すみませんけど、キャンセルしてもらえますか。

メニュー 메뉴 | **おすすめ** 추천, 추천하는 것 | **パスタ** 파스타 | **注文する** 주문하다 | **ランチセット** 런치 세트

あと 다음, 나머지 | **食後** 식후 | **替える** 바꾸다 | **窓側** 창가, 창측 | **移る** 옮기다, 이동하다 | **苦情** 불만, 불평

ものすごく 대단히 | **味付け** 양념, 간, 맛 내기 | **しょっぱい** 짜다 | **希望** 희망 | **空く** 비다 | **〜たら** 〜면 | **量** 양

変更する 변경하다 | **キャンセルする** 취소하다 | **定食** 정식 | **やっぱり** 역시 | **やめる** 그만두다, 중지하다

いれかえ練習

① メニューについて聞く MP3 **12**

A この店のおすすめは何ですか。

B 「a 今日のパスタ」がおすすめです。

A それはどんな b パスタですか。

B c きのこが入ったトマトソースのパスタです。

1 a 和風ランチ　　b ランチ　　c 焼き魚とみそ汁のランチ

2 a 韓国風スープ　b スープ　　c 卵が入った少し辛いスープ

3 a 季節のサラダ　b サラダ　　c 旬の野菜を使ったサラダ

② 注文する MP3 **13**

A ご注文はお決まりですか。

B a ランチセットを2つお願いします。
　　あと b コーヒー2つ。

A かしこまりました。
　　お飲み物はいつお持ちしましょうか。

B c 食後にお願いします。

1 a 牛丼　　　　　　b ウーロン茶　　c 食べたあと

2 a ハンバーグ定食　b 紅茶　　　　　c 食事と一緒

3 a 刺身盛り合わせ　b ビール　　　　c 先

きのこ 버섯 | トマトソース 토마토소스 | 和風 일본풍, 일본식 | 焼き魚 생선구이, 구운 생선 | みそ汁 된장국

~風 ~풍, ~식 | 季節 계절 | 旬 제철, 적기 | 決まる 결정되다, 정해지다 | 牛丼 소고기덮밥 | ウーロン茶 우롱차

ハンバーグ 햄버그스테이크 | 刺身 회 | 盛り合わせ 모둠 | 先 먼저

③ 席を替えてもらう

A すみません。a この席は狭いので、b 窓側の席に
c 移ってもいいですか。

B かしこまりました。こちらにどうぞ。

1 a ここ、ちょっと寒い　　　b 向こうの席　　　c 移りたいんですが

2 a ここ、トイレが近い　　　b ちがう席　　　c 移動してもいいですか

3 a 音楽がうるさい　　　b 個室　　　c 場所を替えたいんですが

④ 苦情を言う

A すみません。a これ、ものすごく味付けがしょっ
ぱいんですけど。

B 申し訳ありません。すぐ b 作り直します。

1 a これ、髪の毛が入っている　　　b お取り替えします

2 a 料理が冷めている　　　b 温め直します

3 a コーヒーじゃなくて紅茶を頼んだと思う　　　b お持ちします

단어　狭い 좁다 | 向こう 저쪽, 건너편 | 移動する 이동하다 | うるさい 시끄럽다 | 個室 독실, 개인용 방
申し訳ない 죄송하다 | 〜直す 다시 〜하다 | 髪の毛 머리카락 | 冷める 식다 | 温める 데우다

店員	いらっしゃいませ。ご注文はお決まりですか。
金	全部おいしそうですね。おすすめはありますか。
店員	こちらの豚肉のソテーが人気ですよ。
金	じゃあ、僕はおすすめの通り、これにします。舞さんは？
舞	私はピザにします。あと、このケーキ2つとコーヒーを2つ。
店員	かしこまりました。お飲み物はいつお持ちしましょうか。
舞	食後にケーキと一緒にお願いします。

金	ああ、お腹いっぱい。もう食べられない。
舞	ケーキはどうします？ここのケーキ、値段はちょっと高めだけど、本当においしいんですよ。
金	うーん。残念ですが、次回にします。
舞	すみません。申し訳ないんですが、ケーキをキャンセルしてください。
店員	はい。では、コーヒーだけお持ちしますね。

 본문을 읽고 질문에 대답해 봅시다.

1 金さんが注文したものは何ですか。

2 2人はケーキを食べましたか。

 단어

全部 전부 | **豚肉** 돼지고기 | **ソテー** 소테 (고기·생선·채소 등을 버터나 기름으로 지진 서양 요리) | **ピザ** 피자

お腹いっぱいだ 배부르다 | **高め** 비싼 듯함 | **残念だ** 유감스럽다, 아쉽다 | **次回** 다음번

表現を広げよう

🌱 ～の通（とお）り / ～通（とお）り

・先生（せんせい）のお話（はなし）の通（とお）りです。

・試験（しけん）の結果（けっか）は予想（よそう）した通（とお）りでした。

 보기와 같이 괄호의 단어를 적절한 표현으로 바꾼 후, 두 사람이 짝이 되어 연습해 봅시다.

보기

やっぱり雨（あめ）でしたね。

ええ。田中（たなか）さんの言（い）った通（とお）りですね。（言（い）う）

1 A あの店（みせ）、おいしかったですね。

　B ええ。＿＿＿＿＿＿＿＿＿＿＿＿＿通（とお）りですね。（思（おも）う）

2 A きれいな青（あお）い海（うみ）ですね。

　B ええ。写真（しゃしん）で＿＿＿＿＿＿＿＿＿＿＿通（とお）りですね。（見（み）る）

3 A 立派（りっぱ）な建物（たてもの）ですね。

　B そうですね。＿＿＿＿＿＿＿＿＿＿＿＿通（とお）りですね。（ガイドブック）

結果（けっか） 결과 ｜ **予想（よそう）** 예상 ｜ **ガイドブック** 가이드북

ロールプレイ

注文ゲーム 菩耕惑 苑荓

여기는 패밀리 레스토랑입니다. 두 사람이 짝이 되어 대화를 해 봅시다.

> 店員　いらっしゃいませ。何名様ですか。
>
> 客　＿＿＿＿＿＿＿＿＿＿＿。
>
> 店員　＿＿＿名様ですね。では、こちらへどうぞ。
> ご案内いたします。

 과제 I

客　메뉴를 보고 먹고 싶은 것을 주문하세요.　　店員　손님의 주문을 들으세요.

さしみ定食

ハンバーグ定食

焼き肉定食

カレーライス

牛丼

ラーメン

天ぷらそば

きつねうどん

スパゲッティ

アイスクリーム

紅茶

ビール

コーヒー

과제 2

客
きゃく

자리를 바꿔 달라고 부탁하세요.
(이유는 아래에서 고르세요.)

店員
てんいん

손님의 이야기를 듣고, 자리를 바꿔
주세요.

ちょっと暑い
あつ

たばこの煙が嫌だ
けむり　いや

外の景色をながめたい
そと　けしき

隣のテーブルがうるさい
となり

 과제 3

客
きゃく

점원을 불러 불만을 말하세요.
(이유는 아래에서 고르세요.)

店員
てんいん

손님의 불평에 대처하세요.

1 料理がなかなか運ばれてこない
りょうり　　　　はこ

2 味付けが薄すぎる
あじつ　　うす

3 さしみ定食じゃなくて焼き肉定食を頼んだ
ていしょく　　　　や　にくていしょく　たの

4 虫が入っている
むし　はい

GOAL

과제를 잘 해냈습니까? 다시 생각하며 체크해 봅시다.　◎ 매우 잘함　○ 보통　△ 겨우 해냄　×잘 못함

과제 1	注文する ちゅうもん
과제 2	席を替えてもらう せき　か
과제 3	苦情を言う くじょう　い

 단어

案内 안내 | **カレーライス** 카레라이스 | **天ぷらそば** 튀김메밀국수 | **きつねうどん** 기쓰네우동, 유부우동
あんない　　　　　　　　　　　　　　　　　　　　　　　　　てん

スパゲッティ 스파게티 | **煙** 연기 | **嫌だ** 싫다, 싫어하다 | **景色** 경치, 풍경 | **ながめる** 바라보다, 조망하다
けむり　　いや　　　　　　　　　　けしき

薄い 연하다, 싱겁다 | **虫** 벌레
うす　　　　　　　　　む し

単語チェック

알고 있는 단어들을 네모 안에 체크해 봅시다.

●● 1류동사

- □ あく(空く)
- □ うつる(移る)

●● 2류동사

- □ あたためる(温める)
- □ かえる(替える)
- □ さめる(冷める)
- □ ながめる
- □ やめる

●● 3류동사

- □ いどうする(移動する)
- □ へんこうする(変更する)

●● い형용사

- □ しょっぱい
- □ もうしわけない(申し訳ない)

●● 부사

- □ ものすごく

●● 음식

- □ きつねうどん
- □ きのこ
- □ ぎゅうどん(牛丼)
- □ さしみ(刺身)
- □ ソテー
- □ ていしょく(定食)
- □ てんぷらそば(天ぷらそば)
- □ ぶたにく(豚肉)

- □ みそしる(みそ汁)
- □ やきざかな(焼き魚)

●● 기타

- □ あじつけ(味付け)
- □ かみのけ(髪の毛)
- □ きぼう(希望)
- □ くじょう(苦情)
- □ けっか(結果)
- □ けむり(煙)
- □ こしつ(個室)
- □ さき(先)
- □ じかい(次回)
- □ しゅん(旬)
- □ しょくご(食後)
- □ たかめ(高め)
- □ まどがわ(窓側)
- □ むこう(向こう)
- □ むし(虫)
- □ もりあわせ(盛り合わせ)
- □ よそう(予想)
- □ りょう(量)
- □ わふう(和風)

●● 숙어표현

- □ おなかいっぱいだ(お腹いっぱいだ)

Lesson

03

えき
駅

이 과에서는 전철 타는 방법을 설명하거나, 역이나 전철 내에서의
분실물을 설명하기 위한 표현과 어휘 등을 배웁니다.

1 あなたは駅をよく利用しますか。

2 電車に忘れ物をしたことがありますか。

✓ 이 단어 알고 있나요?

1 물품보관함

2 매표소

3 개찰구

4 역무원

5 플랫폼

6 선로

利用する 이용하다 ｜ **忘れ物** 잊은 물건, 분실물

表現

ポイント表現　♪MP3 18

1	乗(の)り場(ば)を聞(き)く	・ 東京(とうきょう)行(い)きはこのホームでいいですか。
2	行(い)き方(かた)を聞(き)く	・ 神戸駅(こうべえき)はどうやって行(い)けばいいですか。
3	忘(わす)れ物(もの)の状況(じょうきょう)を説明(せつめい)する	・ 電車(でんしゃ)の中(なか)に携帯電話(けいたいでんわ)を忘(わす)れてしまったんですけど。 ・ たしか千葉(ちば)行(い)きの電車(でんしゃ)だったと思(おも)います。
4	忘(わす)れ物(もの)の内容(ないよう)を説明(せつめい)する	・ 少(すこ)し大(おお)きめで、黒(くろ)いかばんです。 ・ 薄(うす)い本(ほん)が2冊(さつ)と書類(しょるい)が入(はい)っています。

応用表現　♪MP3 19

❖	切符(きっぷ)を買(か)う	・ 静岡(しずおか)行(い)きの新幹線(しんかんせん)のチケットはありますか。 ・ 2時(じ)の電車(でんしゃ)でお願(ねが)いします。
❖	行(い)き方(かた)を聞(き)く	・ 西新宿駅(にししんじゅくえき)に急行(きゅうこう)は止(と)まりますか。
❖	行(い)き方(かた)を教(おし)える	・ 急行(きゅうこう)は止(と)まらないので、各駅停車(かくえきていしゃ)に乗(の)ってください。
❖	電車(でんしゃ)のどこに乗(の)っていたか説明(せつめい)する	・ 3両目(りょうめ)あたりに乗(の)っていました。

乗り場 타는 곳, 승차장 | **〜行き** 〜행 | **ホーム** 플랫폼, 승강장 | **行き方** 가는 방법 | **神戸** 고베 〈지명〉 | **状況** 상황
たしか 아마 | **千葉** 지바 〈지명〉 | **内容** 내용 | **静岡** 시즈오카 〈지명〉 | **大きめ** 조금 큰 듯함 | **薄い** 얇다 | **〜冊** 〜권
書類 서류 | **新幹線** 신칸센 (일본의 고속철도) | **急行** 급행 | **各駅停車** 역마다 정차하는 열차 | **〜両目** 〜량째
あたり 근처, 주위

いれかえ練習

① 乗り場を聞く　　　　　　　　　　　　　　　　　　　　♪ MP3 **20**

A　すみません。東京行きは a このホームでいいで
すか。

B　いいえ。東京行きなら b 3番ホームですよ。

A　あ、そうですか。どうもありがとうございます。

1　a ここでいいですか　　　　　b 向かいのホームですよ

2　a ここから乗ればいいですか　　b ここじゃなくて、4番ホームですよ

3　a このホームで合っていますか　b あの階段を上がって、1番ホームから乗ってください

② 行き方を聞く　　　　　　　　　　　　　　　　　　　　♪ MP3 **21**

A　すみません。a 東京駅は b どうやって行けばいい
ですか。

B　c 新宿駅で d 山手線に乗り換えてください。

A　どうもありがとうございます。

1　a 神戸　　b どうやって行ったらいいですか　　c 新大阪　　d 京都

2　a 横浜　　b どう行けばいいでしょうか　　　　c 渋谷　　　d 東横

3　a 松島　　b どう行ったらいいでしょうか　　　c 仙台　　　d 東北本

向かい 맞은편, 건너편 | 合う 맞다 | 乗り換える 갈아타다, 환승하다 | 京都 교토 〈지명〉 | 横浜 요코하마 〈지명〉
渋谷 시부야 〈지명〉 | 松島 마쓰시마 〈지명〉 | 仙台 센다이 〈지명〉

③ 忘れ物の状況を説明する MP3 **22**

A すみません。電車の中に a携帯電話を
b忘れてしまったんですけど。

B どこ行きの電車か分かりますか。

A たしか c千葉行きの電車だったと思います。

1 a かさ　　　　b 置き忘れる　　　　c 名古屋

2 a 財布　　　　b 置いてくる　　　　c 福岡

3 a 紙袋　　　　b 忘れてくる　　　　c 青森

④ 忘れ物の内容を説明する MP3 **23**

A どんなかばんですか。

B a少し大きめで、黒いかばんです。

A 中身は何ですか。

B b薄い本が2冊と書類が入っています。

1 a 茶色の革のバッグ　　　　b かぎと財布

2 a 白のショルダーバッグ　　　　b 化粧品と手帳

3 a 小さめの水色のリュック　　　　b お弁当や着替えなど

置き忘れる 잊어버리고 두고 오다 ｜ **名古屋** 나고야〈지명〉｜ **財布** 지갑 ｜ **福岡** 후쿠오카〈지명〉｜ **紙袋** 종이 가방

青森 아오모리〈지명〉｜ **中身** 내용물 ｜ **茶色** 갈색 ｜ **かぎ** 열쇠 ｜ **革** 가죽 ｜ **バッグ** 가방 ｜ **白** 흰색

ショルダーバッグ 숄더백 ｜ **小さめ** 조금 작은 듯함 ｜ **水色** 물빛, 엷은 푸른 빛 ｜ **リュック** 배낭

着替え 갈아입음, 갈아입을 옷

李　すみません。東京駅は、どうやって行けばいいですか。

駅員　東京駅ですか。3番ホームから、まず渋谷行きに乗って、渋谷で山手線に乗り換えてください。

李　ああ、一本で行かないんですね。渋谷は急行も止まりますか。

駅員　はい。急行も各駅停車も両方止まりますよ。

李　ありがとうございます。

李　すみません。電車の中に紙袋を忘れてしまったんですけど。

駅員　いつごろなくされましたか。

李　今日の3時ごろの電車です。

駅員　どの辺に座っていたか覚えていますか。

李　渋谷行きです。たしか後ろのほうに乗っていたと思います。

駅員　では、ここに連絡先を書いてください。見つかったらご連絡しますね。

📎 본문을 읽고 질문에 대답해 봅시다.

1 李さんはどこに行きたいですか。

2 李さんは何を忘れましたか。

단어　駅員 역무원 | 一本で (行く) 한 번에 (가다) | 急行 급행 | 止まる 멈추다, 서다 | 両方 양쪽 다 | なくす 잃어버리다
連絡先 연락처 | 見つかる 발견하다 | 連絡する 연락하다

表現を広げよう

🌱 たしか～たと<ruby>思<rt>おも</rt></ruby>います

- たしか<ruby>冬休<rt>ふゆやす</rt></ruby>みは１<ruby>月<rt>がつ</rt></ruby>２０<ruby>日<rt>はつか</rt></ruby>からだったと<ruby>思<rt>おも</rt></ruby>います。
- たしか<ruby>彼<rt>かれ</rt></ruby>はそう<ruby>言<rt>い</rt></ruby>っていたと<ruby>思<rt>おも</rt></ruby>います。

 보기와 같이 괄호의 단어를 적절한 표현으로 바꾼 후, 두 사람이 짝이 되어 연습해 봅시다.

보기

テストはいつですか。

えーと、たしか１５<ruby>日<rt>にち</rt></ruby>だった
と<ruby>思<rt>おも</rt></ruby>うんですが。（１５<ruby>日<rt>にち</rt></ruby>）

1　A <ruby>山田<rt>やまだ</rt></ruby>さんは<ruby>甘<rt>あま</rt></ruby>いものが<ruby>好<rt>す</rt></ruby>きでしょうか。

　　B えーと、たしか＿＿＿＿＿＿＿＿＿＿＿＿と<ruby>思<rt>おも</rt></ruby>いますよ。（<ruby>好<rt>す</rt></ruby>きだ）

2　A <ruby>今日<rt>きょう</rt></ruby>のランチメニュー、<ruby>何<rt>なに</rt></ruby>か<ruby>知<rt>し</rt></ruby>ってる？

　　B はっきり<ruby>覚<rt>おぼ</rt></ruby>えてないけど、たしか＿＿＿＿＿＿＿＿＿と<ruby>思<rt>おも</rt></ruby>うよ。（<ruby>豚肉<rt>ぶたにく</rt></ruby>の<ruby>料理<rt>りょうり</rt></ruby>）

3　A <ruby>彼<rt>かれ</rt></ruby>はいつまでこの<ruby>会社<rt>かいしゃ</rt></ruby>に<ruby>勤<rt>つと</rt></ruby>めていたの？

　　B たしか＿＿＿＿＿＿＿＿＿＿＿＿と<ruby>思<rt>おも</rt></ruby>うよ。（２<ruby>年前<rt>ねんまえ</rt></ruby>までだ）

たしか 분명, 아마 | <ruby>冬休<rt>ふゆやす</rt></ruby>み 겨울 방학, 겨울 휴가 | はっきり 분명히, 확실히 | <ruby>勤<rt>つと</rt></ruby>める 근무하다

ロールプレイ

 乗（あつ）り換（かえ）えゲーム

🔗 여기는 신주쿠역입니다. 두 사람이 짝이 되어 대화를 해 봅시다.

 과제 1

| 乗客（じょうきゃく） | 가고 싶은 곳을 선택하여 역무원에게 가는 방법을 물으세요. | 駅員（えきいん） | 아래의 노선도를 보고 승객의 질문에 답하세요. |

乗客 가고 싶은 곳

1 ディズニーランド **2** 浅草（あさくさ） **3** 横浜中華街（よこはまちゅうかがい）

駅員 가는 방법

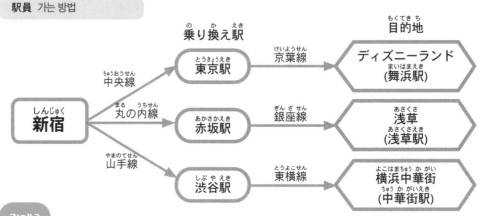

과제 2

| 乗客（じょうきゃく） | 지금 1번 플랫폼에 있습니다. 이 장소가 맞는지와 급행이 목적지에 정차하는지를 역무원에게 물으세요. | 駅員（えきいん） | 오른쪽의 표를 보고 승객의 질문에 답하세요. |

目的地 <small>もくてきち</small>	**ホーム**	**急行** <small>きゅうこう</small>	
ディズニーランド(舞浜駅) <small>まいはまえき</small>	3番 <small>ばん</small>	○	
浅草(浅草駅) <small>あさくさ あさくさえき</small>	4番 <small>ばん</small>	×	
横浜中華街(中華街駅) <small>よこはまちゅうかがい ちゅうかがいえき</small>	2番 <small>ばん</small>	○	

 과제3

乗客 <small>じょうきゃく</small>	지하철 안에서 물건을 잃어버렸습니다. 역무원에게 이야기하세요.
駅員 <small>えきいん</small>	승객의 이야기를 듣고 응대하세요.

	ディズニーランド	**浅草** <small>あさくさ</small>	**横浜中華街** <small>よこはまちゅうかがい</small>
電車の行き先 <small>でんしゃ いさき</small>	舞浜行き <small>まいはまい</small>	浅草行き <small>あさくさい</small>	中華街行き <small>ちゅうかがいい</small>
なくした時間 <small>じかん</small>	10分前 <small>ぶんまえ</small>	1時間前 <small>じかんまえ</small>	今日の朝7時頃 <small>きょう あさ じごろ</small>
乗っていた場所 <small>の ばしょ</small>	前のほう <small>まえ</small>	後ろのほう <small>うし</small>	真ん中あたり <small>ま なか</small>
忘れ物 <small>わす もの</small>			
中身 <small>なかみ</small>			

 GOAL

과제를 잘 해냈습니까? 다시 생각하며 체크해 봅시다. ◎ 매우 잘함 ○ 보통 △ 겨우 해냄 ×잘 못함

과제 1	行き方を聞く <small>い かた き</small>	
과제 2	乗り場を聞く <small>の ば き</small>	
과제 3-1	忘れ物の状況を説明する <small>わす もの じょうきょう せつめい</small>	
과제 3-2	忘れ物の内容を説明する <small>わす もの ないよう せつめい</small>	

 단어
乗客<small>じょうきゃく</small> 승객 | **ディズニーランド** 디즈니랜드 | **浅草**<small>あさくさ</small> 아사쿠사〈지명〉 | **中華街**<small>ちゅうかがい</small> 차이나타운 | **目的地**<small>もくてきち</small> 목적지
舞浜<small>まいはま</small> 마이하마〈지명〉 | **行き先**<small>いさき</small> 행선지, 갈 곳

単語チェック

알고 있는 단어들을 네모 안에 체크해 봅시다.

●● 1류동사

- □ なくす
- □ みつかる(見つかる)

●● 2류동사

- □ おきわすれる(置き忘れる)
- □ つとめる(勤める)
- □ のりかえる(乗り換える)

●● 3류동사

- □ りようする(利用する)
- □ れんらくする(連絡する)

●● 부사

- □ たしか
- □ はっきり

●● 탈것/교통

- □ かくえきていしゃ(各駅停車)
- □ きゅうこう(急行)
- □ のりば(乗り場)
- □ ホーム
- □ もくてきち(目的地)
- □ ～りょうめ(両目)

●● 소지품

- □ かぎ
- □ かみぶくろ(紙袋)
- □ きがえ(着替え)
- □ ショルダーバッグ
- □ リュック

●● 색깔

- □ しろ(白)
- □ ちゃいろ(茶色)
- □ みずいろ(水色)

●● 기타

- □ あたり
- □ おおきめ(大きめ)
- □ かわ(革)
- □ ～さつ(冊)
- □ じょうきゃく(乗客)
- □ しょるい(書類)
- □ ちいさめ(小さめ)
- □ ちゅうかがい(中華街)
- □ ないよう(内容)
- □ なかみ(中身)
- □ むかい(向かい)
- □ りょうほう(両方)
- □ れんらくさき(連絡先)

●● 숙어표현

- □ いっぽんでいく(一本で行く)
- □ わすれものをする(忘れ物をする)

タクシー

이 과에서는 택시를 타고 목적지까지 가는 방법을 설명하거나,
빨리 가 달라고 재촉하기 위한 표현과 어휘 등을 배웁니다.

ウォーミングアップ

1 あなたはどんなときにタクシーを利用^{り よう}しますか。

1 あなたはどんなときにタクシーを利用しますか。

2 タクシーの運転手^{うんてんしゅ}と話^{はなし}をするのは好^すきですか。

☑ 이 단어 알고 있나요?

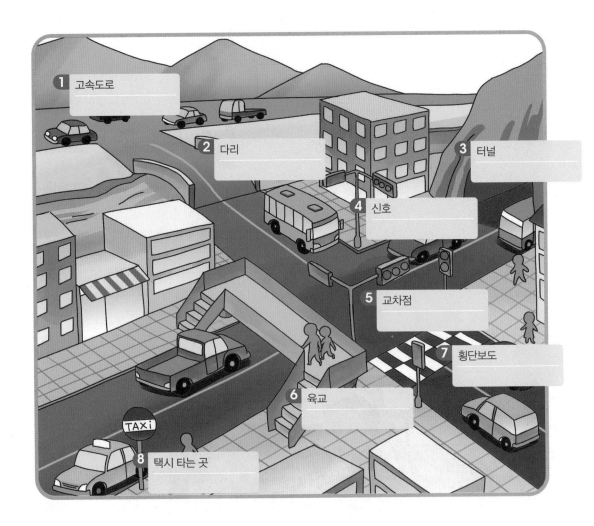

運転手^{うんてんしゅ} 운전기사 ┃ 話^{はなし} 이야기

表現

💡 ポイント表現
♪ MP3 **26**

1 行き先を言う	・ みどり駅までお願いします。
2 行き方を説明する	・ まっすぐ行くと、国際病院に出るので、そこを右に曲がってください。 ・ 曲がるとすぐにコンビニがあるので、その前で止めてください。
3 道の状況を聞く	・ ずいぶん道が込みますね。何かあったんですか。
4 自分の状況を説明する	・ 3時までに行かないといけないんです。

💡 応用表現
♪ MP3 **27**

✦ 行き先を言う	・ 北小学校のほうに向かってください。 ・ 山田駅の近くまで行ってください。
✦ 行き方を説明する	・ 次の角を左に曲がってください。 ・ 3つ目の信号を右折してください。
✦ 運転手にお願いする	・ すみませんが、急いで行ってもらえますか。 ・ できるだけ早くお願いします。

単語　まっすぐ 똑바로, 곧장 | 曲がる 돌다 | 止める 멈추다, 세우다 | ずいぶん 아주, 대단히 | 道が込む 길이 밀리다
向かう 향하다 | 近く 근처, 가까운 곳 | 角 모퉁이 | 左 왼쪽 | 信号 신호, 신호등 | 右折する 우회전하다
急ぐ 서두르다 | できるだけ 가능한 한

いれかえ練習

MP3 28

① 行き先を言う

A どちらまで行かれますか。
B a みどり駅までお願いします。
A b 西口でよろしいですか。
B はい。

1 a 南図書館　　　　　　b 青木町の南図書館ですね
2 a 北山ホテル　　　　　b 新館のほうですか
3 a 中田小学校　　　　　b 正門でよろしいですか

② 行き方を説明する

MP3 29

A まっすぐ行くと、a 国際病院に出るので、
　そこを b 右に曲がってください。
B はい、分かりました。
A c 曲がるとすぐにコンビニがあるので、
　その前で止めてください。

1 a 信号がある　　　　b 左に曲がる　　　　c 曲がって少し行くと
2 a つきあたりに出る　b 左折する　　　　　c 左折してまっすぐ行くと
3 a 交差点がある　　　b 右折する　　　　　c 右折すると公園の横に

行かれる 가시다 (行く의 경어) | **西口** 서쪽 출구 | **よろしい** 좋다 (いい의 경어) | **新館** 신관 | **正門** 정문

すぐ(に) 곧, 즉시 | **つきあたり** 막다른 곳 | **左折する** 좌회전하다 | **交差点** 교차로, 사거리

③ <ruby>道<rt>みち</rt></ruby>の<ruby>状況<rt>じょうきょう</rt></ruby>を<ruby>聞<rt>き</rt></ruby>く MP3 **30**

A a ずいぶん<ruby>道<rt>みち</rt></ruby>が<ruby>込<rt>こ</rt></ruby>みますね。<ruby>何<rt>なに</rt></ruby>かあったんですか。

B b <ruby>事故<rt>じこ</rt></ruby>があったみたいですね。

A そうですか…。<ruby>急<rt>いそ</rt></ruby>いでいるのに、<ruby>困<rt>こま</rt></ruby>ったなあ。

1 a かなり<ruby>込<rt>こ</rt></ruby>んでいますね b <ruby>工事中<rt>こうじちゅう</rt></ruby>だ

2 a <ruby>渋滞<rt>じゅうたい</rt></ruby>がひどいですね b <ruby>検問<rt>けんもん</rt></ruby>している

3 a なかなか<ruby>進<rt>すす</rt></ruby>みませんね b <ruby>雪<rt>ゆき</rt></ruby>で<ruby>通行止<rt>つうこうど</rt></ruby>めになっている

④ <ruby>自分<rt>じぶん</rt></ruby>の<ruby>状況<rt>じょうきょう</rt></ruby>を<ruby>説明<rt>せつめい</rt></ruby>する MP3 **31**

A ちょっと a <ruby>急<rt>いそ</rt></ruby>いでいるんですが、
<ruby>他<rt>ほか</rt></ruby>の<ruby>道<rt>みち</rt></ruby>はありませんか。

B <ruby>分<rt>わ</rt></ruby>かりました。
<ruby>国道<rt>こくどう</rt></ruby>はやめて、<ruby>裏道<rt>うらみち</rt></ruby>から<ruby>行<rt>い</rt></ruby>きますね。

A すみません。
b <ruby>3時<rt>じ</rt></ruby>までに<ruby>行<rt>い</rt></ruby>かないといけないんです。

1 a <ruby>時間<rt>じかん</rt></ruby>がない b <ruby>12時<rt>じ</rt></ruby>から<ruby>結婚式<rt>けっこんしき</rt></ruby>だ

2 a <ruby>遅刻<rt>ちこく</rt></ruby>しそうだ b <ruby>友達<rt>ともだち</rt></ruby>が<ruby>待<rt>ま</rt></ruby>っている

3 a <ruby>時間<rt>じかん</rt></ruby>がぎりぎりだ b バスが<ruby>出発<rt>しゅっぱつ</rt></ruby>してしまう

<ruby>事故<rt>じこ</rt></ruby> 사고 | **<ruby>困<rt>こま</rt></ruby>る** 곤란하다, 난처하다 | **かなり** 꽤. 제법 | **<ruby>込<rt>こ</rt></ruby>む** 밀리다, 혼잡하다 | **<ruby>工事中<rt>こうじちゅう</rt></ruby>** 공사 중 | **<ruby>渋滞<rt>じゅうたい</rt></ruby>** 정체
ひどい 심하다 | **<ruby>検問<rt>けんもん</rt></ruby>** 검문 | **<ruby>進<rt>すす</rt></ruby>む** 나아가다 | **<ruby>通行止<rt>つうこうど</rt></ruby>め** 통행금지 | **<ruby>国道<rt>こくどう</rt></ruby>** 국도 | **<ruby>裏道<rt>うらみち</rt></ruby>** 뒷길 | **<ruby>結婚式<rt>けっこんしき</rt></ruby>** 결혼식
<ruby>遅刻<rt>ちこく</rt></ruby>する 지각하다 | **ぎりぎり** 필요한 양이나 시간에 여유가 없음. 빠듯함

運転手 どちらまで行かれますか。

李 みどり町までお願いします。国際病院の隣のABビルです。

運転手 分かりました。

李 ずいぶん、道が込みますね。

運転手 パトカーが来ているところを見ると、事故があったみたいですね。

李 困ったなあ。これから打ち合わせで、3時までに行かないといけないんです。

運転手 じゃあ、他の道から行きましょうか。ちょっと、遠回りになりますけど、そのほうがかえって早く着くと思いますよ。

李 じゃあ、そちらの道でお願いします。

運転手 何とか間に合いましたね。

李 もう少しで遅刻するところでした。

ありがとうございました。

 본문을 읽고 질문에 대답해 봅시다.

1 タクシーはどうして遠回りをしましたか。

2 李さんはどうして急いでいますか。

단어

パトカー 경찰차 │ **打ち合わせ** 협의 │ **遠回り** 멀리 돎 │ **かえって** 오히려, 도리어 │ **着く** 도착하다

間に合う 제시간에 도착하다, 늦지 않다 │ **もう少しで～ところ** 하마터면 ～할 뻔함

表現を広げよう

🌱 もう少しで～ところだった

- もう少しで大けがをするところでした。
- もう少しで彼女の誕生日を忘れるところでした。

 그림을 보고 빈칸에 적합한 단어를 넣어 문장을 완성해 봅시다.

1

もう少しで＿＿＿＿＿＿＿＿＿ところだった。

2

もう少しで＿＿＿＿＿＿＿＿＿ところだった。

3

もう少しで＿＿＿＿＿＿＿＿＿ところだった。

大けが 큰 부상, 크게 다침

ロールプレイ

 タクシーゲーム

택시를 탑니다. 두 사람이 짝이 되어 대화를 해 봅시다.

과제 1

乗客 (じょうきゃく) 목적지를 말하고, 운전사에게 가는 방법을 설명하세요.

運転手 (うんてんしゅ) 승객의 설명에 따라 운전하세요.

さくらデパート

ABC映画館 (えいがかん)

るんるんワールド

おもしろ水族館 (すいぞくかん)

乗客
じょうきゃく

길이 막힙니다.
운전사에게 상황을 물으세요.

運転手
うんてんしゅ

승객의 질문에 답하세요.

工事をしている
こう じ

台風で通行止め
たいふう つうこう ど

映画の撮影をしている
えい が さつえい

連休なので遊びに行く
れんきゅう あそ い
人が多い
ひと おお

乗客
じょうきゃく

약속 시간에 늦을 것 같습니다.
운전기사에게 이유를 말하세요.

運転手
うんてんしゅ

승객의 이야기를 듣고, 지름길을
찾으세요.

面接に遅刻しそうだ
めんせつ ち こく

大事な約束がある
だい じ やくそく

試験が始まってしまう
し けん はじ

新幹線が出てしまう
しん かん せん で

 GOAL

과제를 잘 해냈습니까? 다시 생각하며 체크해 봅시다.   ◎ 매우 잘함 ○ 보통 △ 겨우 해냄 ×잘 못함

과제 1-1	行き先を言う い さき い	
과제 1-2	行き方を説明する い かた せつめい	
과제 2	道の状況を聞く みち じょうきょう き	
과제 3	自分の状況を説明する じ ぶん じょうきょう せつめい	

 단어

水族館 수족관 ｜ 台風 태풍 ｜ 撮影 촬영 ｜ 連休 연휴 ｜ 面接 면접
すいぞくかん   たいふう   さつえい   れんきゅう   めんせつ

単語チェック

알고 있는 단어들을 네모 안에 체크해 봅시다.

●● 1류동사

□ こまる(困る)

□ すすむ(進む)

□ つく(着く)

□ まがる(曲がる)

□ むかう(向かう)

●● 2류동사

□ とめる(止める)

●● 3류동사

□ うせつする(右折する)

□ させつする(左折する)

□ ちこくする(遅刻する)

●● 부사

□ かえって

□ かなり

□ ぎりぎり

□ ずいぶん

□ すぐ(に)

□ できるだけ

□ まっすぐ

●● 길 / 도로 / 교통

□ うらみち(裏道)

□ かど(角)

□ こうさてん(交差点)

□ こうじちゅう(工事中)

□ こくどう(国道)

□ じこ(事故)

□ じゅうたい(渋滞)

□ しんごう(信号)

□ つうこうどめ(通行止め)

□ つきあたり

□ とおまわり(遠回り)

●● 출입구

□ せいもん(正門)

□ にしぐち(西口)

●● 기타

□ いきさき(行き先)

□ うちあわせ(打ち合わせ)

□ うんてんしゅ(運転手)

□ おおけが(大けが)

□ けんもん(検問)

□ しんかん(新館)

□ すいぞくかん(水族館)

□ れんきゅう(連休)

□ パトカー

□ めんせつ(面接)

□ さつえい(撮影)

□ たいふう(台風)

●● 숙어표현

□ みちがこむ(道が込む)

□ もうすこしで〜ところだった

(もう少しで〜ところだった)

46

学校
がっ こう

이 과에서는 친구나 친한 사람과 이야기하기 위해
허물없이 말하는 방법과 표현을 배웁니다.

ウォーミングアップ

1 あなたは友達が多い方ですか。
2 あなたの一番仲のよい友達はどんな人ですか。

☑ 이 단어 알고 있나요?

1 캠퍼스

2 강의

3 전공

4 연구실

5 시간표

6 학점

단어

仲 사이, 관계

48

表現

ポイント表現 ♪ MP3 **34**

1	確認（かくにん）をする	・レポート、今日（きょう）までだよね？
2	提案（ていあん）をする	・昼休（ひるやす）みにやったらどう？
3	伝達（でんたつ）をする	・明日（あした）の授業（じゅぎょう）、休講（きゅうこう）だって。 ・先生（せんせい）が急用（きゅうよう）ができたって。
4	アドバイスをする	・電話（でんわ）したほうがいいんじゃない？

応用表現 ♪ MP3 **35**

◆	友達（ともだち）に挨拶（あいさつ）をする	・元気（げんき）？ ・久（ひさ）しぶり。
◆	提案（ていあん）をする	・先生（せんせい）に話（はな）してみたら？
◆	伝達（でんたつ）をする	・あの授業（じゅぎょう）は楽（らく）だって聞（き）いたよ。 ・先生（せんせい）が研究室（けんきゅうしつ）に来（く）るようにって言（い）ってたよ。
◆	アドバイスをする	・早（はや）く帰（かえ）ったほうがいいと思（おも）うよ。

 단어

確認（かくにん） 확인 ｜ **提案（ていあん）** 제안 ｜ **昼休（ひるやす）み** 점심시간 ｜ **伝達（でんたつ）** 전달 ｜ **休講（きゅうこう）** 휴강 ｜ **急用（きゅうよう）** 급한 일 ｜ **アドバイス** 어드바이스
楽（らく）だ 편하다 ｜ **研究室（けんきゅうしつ）** 연구실

いれかえ練習

① 確認をする

A おはよう。

B おはよう。

A 金_{キム}さん、a レポートやった？

B うん。b 今日までだよね？

A うん。

1 a バスケの試合、見に行く　　　　b 3時からだ

2 a 文化祭の準備は終わった　　　　b あとは先生にはんこをもらえばいい

3 a 明日のミーティングに参加する　　b 場所は3階のサークル室だった

② 提案をする

A a 宿題、忘れてた。どうしよう。

B b 昼休みにやったらどう？

A うん、そうする。

1 a あの本、売ってなかった　　　b 図書館で借りる

2 a 約束の時間に遅れそう　　　　b タクシーで行く

3 a 雨が降ってきた　　　　　　　b お母さんに車で迎えに来てもらう

단어　バスケ 농구 | 文化祭 학교 축제 | はんこ 도장 | ミーティング 모임 | 参加する 참가하다

サークル室 서클실, 동아리방 | **借りる** 빌리다 | **遅れる** 늦다, 지각하다 | **迎える** 맞이하다, 마중하다

③ **伝達をする**

A 朴_{パク}さん、a 明日_{あした}の授業_{じゅぎょう}、休講_{きゅうこう}だって。

B 本当_{ほんとう}？

A うん。b 先生_{せんせい}が急用_{きゅうよう}ができたって。

B そうなんだ。

1 a 田中_{たなか}さんが留学_{りゅうがく}する　　b 来年_{らいねん}の春_{はる}行_いく

2 a 金_{キム}さんのなくした財布_{さいふ}が見_みつかった　　b 親切_{しんせつ}な人_{ひと}が届_{とど}けてくれた

3 a 駅前_{えきまえ}に新_{あたら}しいレストランができた　　b すごい人気_{にんき}で、人_{ひと}がいっぱいだ

④ **アドバイスをする**

A 私_{わたし}が a 李_イさんにメールしておくよ。

B b 電話_{でんわ}したほうがいいんじゃない？
　もし c 見_みなかったら困_{こま}るし…。

A そうだね。

1 a ジュースを買_かう　　b みんなと相談_{そうだん}する　　c 他_{ほか}の人_{ひと}が先_{さき}に買_かっている

2 a 木村_{きむら}さんに伝_{つた}える　　b もう一度_{いちど}確認_{かくにん}する　　c 何_{なに}か変更_{へんこう}がある

3 a 明日_{あした}先生_{せんせい}に話_{はな}す　　b 今日中_{きょうじゅう}に話_{はな}す　　c 明日_{あした}先生_{せんせい}がいない

 단어

駅前_{えきまえ} 역 앞 | **届_{とど}ける** 보내 주다, 신고하다 | **伝_{つた}える** 전하다, 전달하다 | **もう一度_{いちど}** 한번 더, 다시 한번 | **変更_{へんこう}** 변경
〜中_{じゅう}に 〜안으로, 〜중으로

愛	李さん、知ってる？今日の３限、休講になったって。
李	え、そうなの？ずいぶん急だね。
愛	急な用事ができたって。さっきメールが来たよ。 それで、来週補講があるんだって。
李	そうなんだ。メール確認してなかったよ。ありがとう。
愛	いえいえ。ところで、李さん、文学のレポートやった？
李	まだ、半分ぐらいかな。来週までだったよね。
愛	えっ、今週までだよ。先生、２０日までって言ってた。
李	２０日って、今日？どうしよう…。この本も先生に返しに行かなきゃ いけないのに。
愛	今から頑張ればなんとかなるんじゃな い？本は私が返しとくよ。吉田先生？
李	うん。ごめんね。ありがとう。

📎 본문을 읽고 질문에 대답해 봅시다.

1 レポートはいつまでですか。
2 愛さんはこの授業が終わったら、何をしますか。

〜限 〜교시 ┃ **ずいぶん** 대단히, 몹시, 아주 ┃ **急だ** 급하다, 갑작스럽다 ┃ **用事** 볼일, 용무 ┃ **補講** 보강 ┃ **文学** 문학
半分 반, 절반 ┃ **返す** 돌려주다

表現を広げよう

🌱 ～って / ～だって

・田中(た なか)さんも行(い)くって。
・明日(あした)大雪(おおゆき)だって。

 보기와 같이 괄호의 단어를 적절한 표현으로 바꾼 후, 두 사람이 짝이 되어 연습해 봅시다.

보기

田中君(た なかくん)、部活(ぶ かつ)やめるって。
(やめる)

えー、どうして？

1 A 佐藤(さ とう)さんも一緒(いっしょ)に＿＿＿＿＿＿＿＿＿＿って。(行(い)く)

B よかった！

2 A 木村(き むら)さん、今日(きょう)も＿＿＿＿＿＿＿＿＿＿って。(残業(ざんぎょう))

B 大変(たいへん)だね。

3 A 新(あたら)しい数学(すうがく)の先生(せんせい)、すごく＿＿＿＿＿＿＿＿＿＿って。(おもしろい)

B そうなんだ。楽(たの)しみだね。

 단어

大雪(おおゆき) 폭설 | 部活(ぶ かつ) 동아리 활동 | 大変(たいへん)だ 힘들다, 큰일이다 | 楽(たの)しみだ 기대가 되다

ロールプレイ

友達ことばゲーム _{発見 発音}

여기는 학교입니다. 두 사람이 짝이 되어 대화를 해 봅시다.

| 1 | テスト | 2 | 飲み会 | 3 | ショッピング |

과제 1

友達A (ともだち)
아래의 내용을 친구에게 확인하세요.
사용할 표현「〜だよね？」

友達B (ともだち)
친구의 확인에 답하세요.

1	2	3
試験の範囲 (しけん はんい) （12ページ〜35ページ）	飲み会の日程 (の かい にってい) （来週の火曜日18：30） (らいしゅう かようび)	待ち合わせの場所と時間 (ま あ ばしょ じかん) （駅の改札口13：00） (えき かいさつぐち)

과제 2

友達A (ともだち)
아래의 내용을 친구에게 말하세요.

友達B (ともだち)
・친구가 곤경에 빠졌습니다.
　좋은 아이디어를 제안하세요.
・사용할 표현「〜たらどう？」

1	2	3
アルバイトが忙しくて (いそが) 勉強する時間がない (べんきょう じかん)	飲み会の日に急に (の かい ひ きゅう) 用事が入った (ようじ はい)	欲しいものが予算を (ほ よさん) 越えている (こ)

| <ruby>友達<rt>ともだち</rt></ruby>A | 아래의 내용을 친구에게 전달하세요.
사용할 표현「〜って」 | <ruby>友達<rt>ともだち</rt></ruby>B | 친구 이야기를 듣고 답하세요. |

1

<ruby>今回<rt>こんかい</rt></ruby>の<ruby>試験<rt>しけん</rt></ruby>は<ruby>難<rt>むずか</rt></ruby>しい

2

<ruby>会費<rt>かいひ</rt></ruby>が1<ruby>人<rt>ひとり</rt></ruby>2,000<ruby>円<rt>えん</rt></ruby>

3

さくらデパートが
<ruby>今<rt>いま</rt></ruby>セール<ruby>中<rt>ちゅう</rt></ruby>

| <ruby>友達<rt>ともだち</rt></ruby>A | 아래의 내용을 친구에게 상담하세요. | <ruby>友達<rt>ともだち</rt></ruby>B | ·친구 이야기를 듣고 조언하세요.
·사용할 표현「〜たほうがいいんじゃない？」 |

1

ケアレスミスが<ruby>多<rt>おお</rt></ruby>い

2

お<ruby>酒<rt>さけ</rt></ruby>に<ruby>強<rt>つよ</rt></ruby>くないから
<ruby>飲<rt>の</rt></ruby>み<ruby>会<rt>かい</rt></ruby>が<ruby>負担<rt>ふたん</rt></ruby>だ

3

<ruby>迷<rt>まよ</rt></ruby>って<ruby>買<rt>か</rt></ruby>ったあと<ruby>必<rt>かなら</rt></ruby>ず
<ruby>後悔<rt>こうかい</rt></ruby>するので<ruby>困<rt>こま</rt></ruby>っている

 GOAL

 과제를 잘 해냈습니까? 다시 생각하며 체크해 봅시다.　◎ 매우 잘함　○ 보통　△ 겨우 해냄　×잘 못함

과제 1	<ruby>確認<rt>かくにん</rt></ruby>をする	
과제 2	<ruby>提案<rt>ていあん</rt></ruby>をする	
과제 3	<ruby>伝達<rt>でんたつ</rt></ruby>をする	
과제 4	アドバイスをする	

 단어

<ruby>範囲<rt>はんい</rt></ruby> 범위 ｜ <ruby>日程<rt>にってい</rt></ruby> 일정 ｜ <ruby>待<rt>ま</rt></ruby>ち<ruby>合<rt>あ</rt></ruby>わせ (때와 장소를 미리 정하고) 약속하여 만나기로 함 ｜ <ruby>改札口<rt>かいさつぐち</rt></ruby> 개찰구 ｜ <ruby>用事<rt>ようじ</rt></ruby>が<ruby>入<rt>はい</rt></ruby>る 볼일이 생기다 ｜ <ruby>欲<rt>ほ</rt></ruby>しい 원하다, 갖고 싶다 ｜ <ruby>予算<rt>よさん</rt></ruby> 예산 ｜ <ruby>越<rt>こ</rt></ruby>える 넘다, 초과하다 ｜ <ruby>今回<rt>こんかい</rt></ruby> 이번 ｜ <ruby>会費<rt>かいひ</rt></ruby> 회비 ｜ セール<ruby>中<rt>ちゅう</rt></ruby> 세일 중 ｜ ケアレスミス 부주의로 인한 실수 ｜ <ruby>負担<rt>ふたん</rt></ruby>だ 부담이 되다, 부담스럽다 ｜ <ruby>迷<rt>まよ</rt></ruby>う 망설이다 ｜ <ruby>後悔<rt>こうかい</rt></ruby>する 후회하다

単語チェック

알고 있는 단어들을 네모 안에 체크해 봅시다.

I류동사

- ☐ かえす(返す)
- ☐ まよう(迷う)

2류동사

- ☐ かりる(借りる)
- ☐ こえる(超える)
- ☐ つたえる(伝える)
- ☐ とどける(届ける)

3류동사

- ☐ こうかいする(後悔する)
- ☐ さんかする(参加する)

な형용사

- ☐ きゅうだ(急だ)
- ☐ たのしみだ(楽しみだ)
- ☐ ふたんだ(負担だ)
- ☐ らくだ(楽だ)

부사

- ☐ かならず(必ず)
- ☐ きゅうに(急に)
- ☐ さっき

학교

- ☐ きゅうこう(休講)
- ☐ 〜げん(限)
- ☐ ぶかつ(部活)
- ☐ ぶんがく(文学)
- ☐ ぶんかさい(文化祭)
- ☐ ほこう(補講)

기타

- ☐ アドバイス
- ☐ えきまえ(駅前)
- ☐ おおゆき(大雪)
- ☐ かいひ(会費)
- ☐ かいさつぐち(改札口)
- ☐ かくにん(確認)
- ☐ きゅうよう(急用)
- ☐ ケアレスミス
- ☐ ていあん(提案)
- ☐ でんたつ(伝達)
- ☐ なか(仲)
- ☐ にってい(日程)
- ☐ バスケ
- ☐ はんい(範囲)
- ☐ はんこ
- ☐ はんぶん(半分)
- ☐ ひるやすみ(昼休み)
- ☐ へんこう(変更)
- ☐ まちあわせ(待ち合わせ)
- ☐ ミーティング
- ☐ ようじ(用事)
- ☐ よさん(予算)

숙어표현

- ☐ ようじがはいる(用事が入る)

Lesson

06

びょう　いん
病院

이 과에서는 의사의 설명을 듣거나,
증상을 설명하기 위한 표현과 어휘를 배웁니다.

1 あなたは風邪を引いたとき、病院に行きますか。

2 あなたはどんなことで病院に行くことが多いですか。

☑ 이 단어 알고 있나요?

1 구역질이 나다

2 기침을 하다

3 콧물이 나다

4 한기가 들다

5 내과

6 정형외과

7 안과

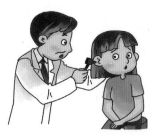  

8 이비인후과

9 소아과

10 치과

단어

風邪を引く 감기에 걸리다

表現

ポイント表現　♪ MP3 **42**

1	症状を説明する	・のどが痛くて、せきが出るんです。
2	理由を説明する	・ゆうべ、窓を開けたまま寝てしまったんです。
3	アドバイスをしてもらう	・お風呂に入ってもいいですか。
4	医者に事情を伝える	・私、ほかに飲んでいる薬があるんですが。

応用表現　♪ MP3 **43**

◆	症状を説明する	・お腹の調子が悪いんです。 ・ちょっと風邪を引いたみたいです。
◆	理由を説明する	・刺身を食べてから気分が悪くなりました。 ・会社でインフルエンザがはやっていて、移ったんじゃないかと思います。
◆	アドバイスをしてもらう	・何日ぐらい学校を休まなければいけませんか。

症状 증상 ｜ **のど** 목구멍, 목 ｜ **せき** 기침 ｜ **ゆうべ** 어젯밤 ｜ **開ける** 열다 ｜ **～(た)まま** ～한 채 ｜ **お風呂に入る** 목욕을 하다, 목욕탕에 들어가다 ｜ **事情** 사정 ｜ **ほかに** 그 밖에 ｜ **お腹** 배 ｜ **調子** 상태 ｜ **刺身** 생선회 ｜ **気分が悪い** 기분이 안 좋다, 속이 안 좋다 ｜ **インフルエンザ** 인플루엔자, 유행성 감기 ｜ **はやる** 유행하다 ｜ **移る** 옮다, 전염되다 ｜ **～かと思う** ～인가 싶다, ～인 것 같다

いれかえ練習

① 症状を説明する

A どうされましたか。

B ａのどが痛くて、ｂせきが出るんです。

A いつからですか。

B ｃ昨日の朝からです。

1 ａ熱がある   ｂ寒気がする   ｃ今朝

2 ａ食欲がない   ｂ体がだるい   ｃ昨日の昼

3 ａ便秘がひどい   ｂお腹が痛い   ｃ3日前

② 理由を説明する

A ａのどが腫れていますね。

B ｂゆうべ、窓を開けたまま寝てしまったんです。

1 ａ目が充血している   ｂこの季節になると、涙が出てかゆくなる

2 ａ足が腫れている   ｂ昨日、階段から落ちた

3 ａ虫歯がある   ｂケーキが好きで、毎日食べてしまう

される 하시다 (**する**의 경어) ｜ **寒気** 한기, 추운 기운 ｜ **食欲** 식욕 ｜ **だるい** 나른하다 ｜ **便秘** 변비 ｜ **腫れる** 붓다

充血 충혈 ｜ **季節** 계절 ｜ **涙** 눈물 ｜ **かゆい** 간지럽다 ｜ **落ちる** 떨어지다 ｜ **虫歯** 충치

③ アドバイスをしてもらう

🎵MP3 **46**

A a<u>お風呂に入って</u>もいいですか。
B 熱が下がるまでは b<u>入らない</u>でください。

1 a<u>会社に行く</u>   b<u>行かない</u>
2 a<u>冷たいものを食べる</u>   b<u>がまんする</u>
3 a<u>野球部の練習に参加する</u>   b<u>休む</u>

④ 医者に事情を伝える

🎵MP3 **47**

A あのう、私、a<u>ほかに飲んでいる薬が
あるん</u>ですが。
B そうですか。じゃ、b<u>その薬と重ならない</u>
ようにしておきますね。
A はい、お願いします。

1 a<u>アレルギーがある</u>   b<u>薬を調節する</u>
2 a<u>明日から1ケ月出張だ</u>   b<u>薬を多めに出す</u>
3 a<u>これから車を運転しなければならない</u>   b<u>眠くならない薬にする</u>

단어

熱 열 | **下がる** 내리다, 내려가다 | **がまんする** 참다 | **野球部** 야구부 | **練習** 연습 | **参加する** 참가하다
重なる 겹치다 | **調節する** 조절하다 | **多め** 많은 듯함 | **眠い** 졸리다

医者　どうされましたか。

金　のどが痛くて、寒気もするんです。

医者　いつからですか。

金　3日ぐらい前からです。

医者　ちょっと口を開けてください。ああ、ずいぶん腫れていますね。
　　　この辺、触ると痛いでしょう。

金　ご飯を食べるのも痛いんです。

医者　ほかに症状は。

金　せきが出るのと、あと、鼻水が出ます。
　　　熱もずっと下がらなくて…。

医者　風邪ですね。薬を3日分出しておきます
　　　ので、治らなかったら、月曜日にまた来
　　　てください。

金　よかった。今流行のインフルエンザかと
　　　思いました。

本文を読んで質問に答えましょう。

1　金さんはいつから体調が悪いですか。

2　金さんはどんな症状がありますか。

辺 근처, 부근, 언저리 ┃ **触る** 닿다, 손을 대다 ┃ **鼻水** 콧물 ┃ **～分** ～분, ～분량 ┃ **治る** 낫다 ┃ **流行** 유행 ┃ **体調** 몸 상태

表現を広げよう

🌱 ～かと思った

・遅かったですね。もう来ないかと思いました。

・これ、アイスコーヒー？ コーラかと思った。

 보기와 같이 그림을 보고 자유롭게 문장을 완성해 봅시다.

> 보기
>
>
>
> えっ、犬ですか。
> 猫かと思いました。

1

えっ、お姉さんですか。

＿＿＿＿＿＿＿＿＿＿＿かと思いました。

2

えっ、ここ田中さんの家ですか。

＿＿＿＿＿＿＿＿＿＿＿かと思いました。

 단어

遅い 늦다 ｜ アイスコーヒー 아이스커피

ロールプレイ

病院ゲーム
普普惡 荘菇

여기는 병원입니다. 두 사람이 짝이 되어 대화를 해 봅시다.

> 患者（かんじゃ） あのう、こちらの病院（びょういん）、初（はじ）めてなんですが。
>
> 受付（うけつけ） 保険証（ほけんしょう）はお持（も）ちですか。
>
> 患者（かんじゃ） はい、あります。
>
> 受付（うけつけ） では、お呼（よ）びするまでお待（ま）ちください。
>
> 患者（かんじゃ） はい。

과제 l

患者（かんじゃ）	자신의 증상을 아래의 카드에 적으세요. 의사에게 자신의 증상을 설명하세요. 생각나는 이유도 이야기하세요.

医者（いしゃ）	환자의 설명을 듣고 증상을 아래의 카드에 적으세요.

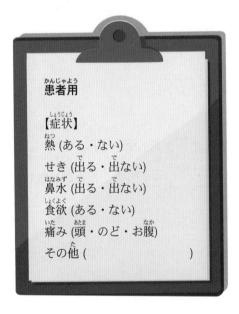

患者用（かんじゃよう）

【症状（しょうじょう）】

熱（ねつ）（ある・ない）

せき（出（で）る・出（で）ない）

鼻水（はなみず）（出（で）る・出（で）ない）

食欲（しょくよく）（ある・ない）

痛（いた）み（頭（あたま）・のど・お腹（なか））

その他（た）（　　　　　　）

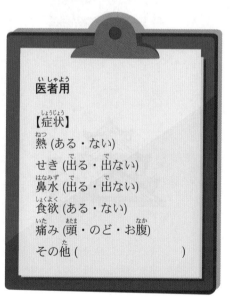

医者用（いしゃよう）

【症状（しょうじょう）】

熱（ねつ）（ある・ない）

せき（出（で）る・出（で）ない）

鼻水（はなみず）（出（で）る・出（で）ない）

食欲（しょくよく）（ある・ない）

痛（いた）み（頭（あたま）・のど・お腹（なか））

その他（た）（　　　　　　）

 **과제 2**

患者かんじゃ 의사에게 조언을 구하세요.	**医者**いしゃ 환자에게 조언을 하세요.

患者かんじゃ 질문할 것

1
うんどう
運動をしてもいいか

2
ふ ろ はい
お風呂に入ってもいいか

3
から た
辛いものを食べてもいいか

과제 3

患者かんじゃ 아래의 사정을 설명하고 의사에게 해결책을 구하세요.	**医者**いしゃ 환자의 이야기를 듣고 적절하게 대응하세요.

みっか ご き
3日後に来るように
い
言われたが
よ てい
予定がある。

い ぜんおな しょう じょう
以前同じ症状で
くすり ぐ あい
もらった薬で具合が
わる
悪くなった。

たい せつ
このあと大切な
し けん
試験があるので、
ねむ こま
眠くなると困る。

 GOAL

 과제를 잘 해냈습니까? 다시 생각하며 체크해 봅시다.　◎ 매우 잘함　○ 보통　△ 겨우 해냄　×잘 못함

과제 1	しょうじょう せつめい 症状を説明する	
과제 2	アドバイスをしてもらう	
과제 3	い しゃ じ じょう つた 医者に事情を伝える	

단어

かんじゃ はじ うけつけ ほけんしょう いた よ てい ぐ あい わる
患者 환자｜**初めて** 처음｜**受付** 접수｜**保険証** 보험증｜**痛み** 통증｜**予定** 예정, 일정｜**具合が悪い** 상태가 좋지 않다

単語チェック

알고 있는 단어들을 네모 안에 체크해 봅시다.

●● 1류동사
- ☐ うつる(移る)
- ☐ かさなる(重なる)
- ☐ さがる(下がる)
- ☐ さわる(触る)
- ☐ はやる

●● 2류동사
- ☐ おちる(落ちる)
- ☐ はれる(腫れる)

●● 3류동사
- ☐ がまんする
- ☐ ちょうせつする(調節する)

●● い형용사
- ☐ かゆい
- ☐ だるい

●● 신체
- ☐ おなか(お腹)
- ☐ からだ(体)
- ☐ のど

●● 병/증상
- ☐ アレルギー
- ☐ いたみ(痛み)
- ☐ インフルエンザ
- ☐ さむけ(寒気)
- ☐ じゅうけつ(充血)

- ☐ せき
- ☐ ねつ(熱)
- ☐ はなみず(鼻水)
- ☐ べんぴ(便秘)
- ☐ むしば(虫歯)

●● 기타
- ☐ うけつけ(受付)
- ☐ かんじゃ(患者)
- ☐ じじょう(事情)
- ☐ しょうじょう(症状)
- ☐ たいちょう(体調)
- ☐ ちょうし(調子)
- ☐ なみだ(涙)
- ☐ はじめて(初めて)
- ☐ へん(辺)
- ☐ ほかに(他に)
- ☐ ほけんしょう(保険証)
- ☐ やきゅうぶ(野球部)
- ☐ よてい(予定)
- ☐ りゅうこう(流行)

●● 숙어표현
- ☐ おふろにはいる(お風呂に入る)
- ☐ きぶんがわるい(気分が悪い)
- ☐ ぐあいがわるい(具合が悪い)

とも だち いえ
友達の家

이 과에서는 친구 집에 가서 가족에게 인사를 하거나,
권유를 완곡하게 거절하기 위한 표현과 어휘를 배우고,
상대방에 따라 정중한 말과 반말을 가려 쓰는 연습을 합니다.

ウォーミングアップ

1 あなたは友達の家によく行きますか。

2 友達の家に行くのと友達が遊びに来るのとどちらが好きですか。

☑ 이 단어 알고 있나요?

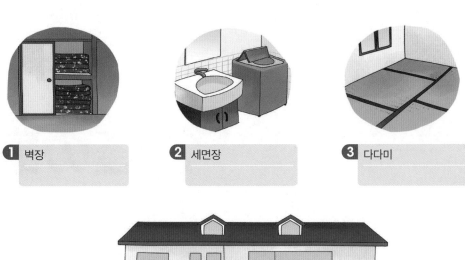

1 벽장

2 세면장

3 다다미

4 대문

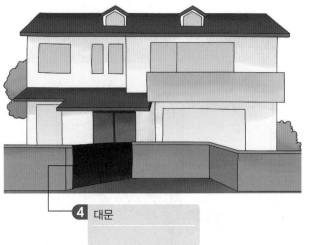

5 현관

6 정원

7 거실

表現

◎ ポイント表現

1	家族に挨拶をする	・ こんにちは。おじゃましています。
2	ほめる	・ 優しそうなお母さんだね。
3	帰る意思を伝える	・ もう5時だ。そろそろ帰らないと。
4	誘いを断る	・ ありがとう。でも、今日は帰るね。

◎ 応用表現

MP3 51

◆	家族に挨拶をする	・ 長居してしまって、すみませんでした。
◆	ほめる	・ 素敵な家だね。
◆	帰る意思を伝える	・ そろそろ帰らなくちゃ。 ・ そろそろ失礼するね。
◆	誘いを断る	・ 食べて帰りたいのはやまやまなんだけど。

挨拶 인사 | おじゃまする 방해하다, 실례하다 | ほめる 칭찬하다 | 〜そうだ 〜것 같다, 〜해 보이다 | 意思 의사, 뜻
〜ないと 〜하지 않으면 안 되겠다, 〜해야겠다 | 誘い 권유 | 断る 거절하다 | 長居する 오래 있다, 오래 머물다
〜てしまう 〜하고 말다, 〜해 버리다 | 素敵だ 멋지다 | 〜なくちゃ 〜하지 않으면 안 되겠다, 〜해야겠다
失礼する 실례하다

いれかえ練習

① 家族(か ぞく)に挨拶(あいさつ)をする

🎵MP3 **52**

A あ、いらっしゃい。

B a こんにちは。おじゃましています。

A b どうぞゆっくりして行(い)って。

B ありがとうございます。

1 a はじめまして　　　　　　　　b よかったら夕食(ゆうしょく)、食(た)べて行(い)ってね

2 a お久(ひさ)しぶりです　　　　　b お茶(ちゃ)とお菓子(か し)、ここに置(お)いておくね

3 a こんばんは　　　　　　　　　b ケーキ買(か)ってきたけど食(た)べる？

② ほめる

🎵MP3 **53**

A a 優(やさ)しそうなお母(かあ)さんだね。

B そう？ b 怒(おこ)ると怖(こわ)いけどね。

1 a 素敵(す てき)なお父(とう)さん　　　b お腹(なか)は出(で)てる

2 a かわいいお姉(ねえ)さん　　　　b ちょっとだらしない

3 a かっこいいお兄(にい)さん　　　b いつも振(ふ)られてばかりだ

単語

夕食(ゆうしょく) 저녁 식사 | お久(ひさ)しぶりです 오랜만입니다, 격조했습니다 | お菓子(か し) 과자, 사탕류 | 怒(おこ)る 화내다 | 怖(こわ)い 무섭다

だらしない 야무지지 못하다, 칠칠치 못하다 | かっこいい 멋있다 | 振(ふ)られる 차이다 (振(ふ)る의 수동형)

～てばかりだ ～하기만 하다

③ **帰る意思を伝える** MP3 **54**

A あ、もう5時だ。そろそろ a 帰らないと。

B まだいいじゃない。b ご飯食べて行ってよ。

1 a 失礼するね   b もう少しゆっくりして行って

2 a 帰るね   b このドラマ一緒に見ようよ

3 a 行こうかな   b 家まで車で送るから

④ **誘いを断る** MP3 **55**

A もうちょっとゆっくりして行ったら？

B ありがとう。でも、a 今日は帰るね。

A そっか。残念だけど、じゃ、またね。

B うん。b 今日はありがとう。

1 a もうこんな時間だから   b 今日はごちそうさま

2 a 明日の朝早いから   b また遊びに来るね

3 a 遅くなると母に叱られるから   b また連絡する

送る 데려다 주다 ┃ 残念だ 아쉽다, 안타깝다 ┃ 叱る 꾸짖다, 나무라다

愛　どうぞ入って。

李　おじゃまします。わあ、広い家だね。

母　あら、いらっしゃい。

李　こんにちは。はじめまして。李です。

母　ちょうどよかった。さっき、駅前でケーキ買ってきたのよ。

　　あとで、部屋にもっていくわね。

愛　うん。ありがとう。

李　優しそうなお母さんだね。愛ちゃんにそっくり。

李　すっかり遅くなっちゃった。そろそろ帰らなくちゃ。

愛　よかったら、家で夕飯食べていって。母も李さんとゆっ

　　くり話をしたがってるし。

李　ぜひ、食べていきたいんだけど、これから、英会話教室

　　なんだ。

愛　そっか。じゃあ、また遊びに来てね。

李　うん。今日はありがとう。おじゃましました。

 본문을 읽고 질문에 대답해 봅시다.

1　李さんは愛さんの家へよく遊びに行きますか。

2　李さんは愛さんの家で夕飯を食べましたか。

ちょうど 마침 | あとで 나중에, 이따가 | そっくり 꼭 닮음 | すっかり 완전히 |

～ちゃう ～해 버리다(～てしまう의 축약형) | 夕飯 저녁 (밥), 저녁 식사 | 英会話教室 영어 회화 교실

♪ MP3 **57**

🌱 ～てしまう → ～ちゃう、～じゃう

・今家_{いまいえ}を出_でなきゃ、渋滞_{じゅうたい}に巻_まき込_こまれちゃうよ。
・あの本_{ほん}、面白_{おもしろ}くて、すぐに読_よんじゃいました。

 보기와 같이 괄호의 단어를 적절한 표현으로 바꾼 후, 두 사람이 짝이 되어 연습해 봅시다.

보기

体操_{たいそう}したら目_めが回_{まわ}っちゃった。(回_{まわ}ってしまった)

やり過_すぎだよ。

1 A また叱_{しか}られたの？

　 B うん。でも、もう＿＿＿＿＿＿＿＿＿＿＿よ。(慣_なれてしまった)

2 A あれ？ コーラ、もうないね。

　 B ごめん。私_{わたし}が全部_{ぜんぶ}＿＿＿＿＿＿＿＿＿＿。(飲_のんでしまった)

3 A そのけが、どうしたの？

　 B さっき＿＿＿＿＿＿＿＿＿＿んだ。(転_{ころ}んでしまった)

 巻_まき込_こむ 말려들게 하다 ｜ **体操_{たいそう}** 체조 ｜ **目_めが回_{まわ}る** 눈이 핑핑 돌다, 현기증이 나다 ｜ **～過_すぎ** 지나치게 ～함, 너무 ～함
慣_なれる 익숙해지다 ｜ **けが** 상처, 부상, 다침 ｜ **転_{ころ}ぶ** 넘어지다

ロールプレイ

訪問ゲーム
<small>ほうもん ゲーム</small>

친구의 집을 방문합니다. 두 사람이 짝이 되어 대화를 해 봅시다.

> A こんにちは。
> B いらっしゃい。どうぞ、上がって。
> A おじゃまします。

 과제 1

| A | 친구의 엄마(아빠)가 돌아왔습니다.
인사하세요. | Bの
母(父)
<small>はは ちち</small> | 딸(아들)의 친구가 놀러 왔습니다.
인사하세요. |

과제 2

| A | 친구의 엄마(아빠)를 칭찬하세요. | B | 친구의 말에 답하세요. |

1
きれいだ

2
ハンサムだ

3
おしゃれだ

4
明るい
<small>あか</small>

5
まじめそうだ

6
若い
<small>わか</small>

| A | 벌써 저녁 무렵입니다. 친구에게 귀가 의사를 전달하세요. 친구가 더 있다가 가라고 해도 거절하세요. | B | 친구가 가려고 합니다. 더 있다가 가라고 하세요. |

1

明日の朝早い

2

遅くなると父に叱られる

3

ちょっと寄るところがある

4

明日までの課題がある

5

母が心配する

6

バスがなくなる

 GOAL

과제를 잘 해냈습니까? 다시 생각하며 체크해 봅시다.　◎ 매우 잘함　○ 보통　△ 겨우 해냄　×잘 못함

과제 1	家族に挨拶をする
과제 2	ほめる
과제 3-1	帰る意思を伝える
과제 3-2	誘いを断る

 단어

訪問 방문 | おしゃれだ 멋지다, 세련되다 | 明るい 밝다 | 若い 젊다 | 寄る 들르다 | 課題 과제 | 心配する 걱정하다

なくなる 없어지다

単語チェック

알고 있는 단어들을 네모 안에 체크해 봅시다.

1류 동사

- ☐ おくる(送る)
- ☐ おこる(怒る)
- ☐ ことわる(断る)
- ☐ ころぶ(転ぶ)
- ☐ しかる(叱る)
- ☐ ふる(振る)
- ☐ まきこむ(巻き込む)
- ☐ よる(寄る)

2류 동사

- ☐ なれる(慣れる)
- ☐ ほめる

3류 동사

- ☐ おじゃまする
- ☐ しつれいする(失礼する)
- ☐ しんぱいする(心配する)
- ☐ ながいする(長居する)

い형용사

- ☐ かっこいい
- ☐ こわい(怖い)
- ☐ だらしない
- ☐ わかい(若い)

な형용사

- ☐ おしゃれだ
- ☐ すてきだ(素敵だ)
- ☐ そっくりだ

부사

- ☐ すっかり
- ☐ ちょうど

기타

- ☐ あとで
- ☐ いし(意思)
- ☐ えいかいわきょうしつ(英会話教室)
- ☐ かだい(課題)
- ☐ さそい(誘い)
- ☐ ～すぎ(過ぎ)
- ☐ ～そうだ
- ☐ たいそう(体操)
- ☐ ～たがる
- ☐ ～ちゃう
- ☐ ～てしまう
- ☐ ～てばかりだ
- ☐ ～ないと
- ☐ ～なくちゃ
- ☐ ほうもん(訪問)
- ☐ ゆうしょく(夕食)
- ☐ ゆうはん(夕飯)

숙어표현

- ☐ めがまわる(目が回る)

08

ぎん　こう
銀行

이 과에서는 은행에서 ATM 사용법을 묻거나,
계좌를 만들 때 필요한 어휘와 표현을 배웁니다.

ウォーミングアップ

1 銀行（ぎんこう）にはどんな時（とき）に行（い）きますか。

2 ＡＴＭを使（つか）っていて困（こま）ったことはありますか。

☑ 이 단어 알고 있나요?

1 통장

2 비밀번호

3 돈을 찾다

4 계좌

5 돈을 입금하다

6 현금카드

7 기장

表現

ポイント表現

MP3 **58**

1	窓口で用件を伝える	・ 通帳を作りたいんですが、どうしたらいいですか。
2	係員に質問する	・ 両替はどこでできますか。
3	ＡＴＭの使い方を聞く	・ お金の下ろし方がわからないんですけど。
4	トラブルに対処する	・ あのう、暗証番号を忘れてしまったんですが。

応用表現

MP3 **59**

✦	窓口で用件を伝える	・ この口座番号に送金したいんです。 ・ 公共料金の支払いをしたいんですが。
✦	係員に質問する	・ 今の時間は手数料がかかりますか。 ・ 水道料金はここで払えますか。
✦	ＡＴＭの使い方を聞く	・ あの、ＡＴＭの使い方がわからないんですけど。 ・ すみませんが、ＡＴＭの操作方法を教えてください。

窓口 창구 | **用件** 용건 | **通帳** 통장 | **係員** 담당자, 담당 직원 | **両替** 환전 | **使い方** 사용 방법 | **〜方** 〜하는 법

お金を下ろす 돈을 찾다, 돈을 인출하다 | **トラブル** 트러블 | **対処する** 대처하다 | **暗証番号** 비밀번호

口座番号 계좌번호 | **送金する** 송금하다 | **公共料金** 공공요금 | **支払い** 지불 | **手数料がかかる** 수수료가 들다

水道 수도 | **払う** 지불하다 | **操作方法** 조작 방법

① 窓口で用件を伝える MP3 **60**

A a 通帳を作りたいんですが、どうしたらいいですか。

B b 印鑑はお持ちですか。

A はい。

1 a 積み立てをしたい　　　　　b 運転免許証

2 a 海外送金をしたい　　　　　b 身分証明書

3 a 口座を解約したい　　　　　b 通帳

② 係員に質問する MP3 **61**

A a 両替はどこでできますか。

B b あちらの両替機をご利用ください。

1 a 今の時間は手数料がかかる　　　　b いいえ、かかりません

2 a 1回でいくらまで送金できる　　　　b こちらの案内をご覧ください

3 a 来店予約はどのくらい前からできる　　　b 1か月前からできます

③ **ＡＴＭの使い方<ruby>使<rt>つか</rt></ruby><ruby>方<rt>かた</rt></ruby>を<ruby>聞<rt>き</rt></ruby>く** MP3 **62**

Ａ ａ <u>お<ruby>金<rt>かね</rt></ruby>の<ruby>下<rt>お</rt></ruby>ろし<ruby>方<rt>かた</rt></ruby></u>がわからないんですけど。

Ｂ では、まずこちらの「ｂ <u>お<ruby>引<rt>ひ</rt></ruby>き<ruby>出<rt>だ</rt></ruby>し</u>」キーを<ruby>押<rt>お</rt></ruby>してください。

1 ａ <ruby>他<rt>ほか</rt></ruby>の<ruby>銀行<rt>ぎんこう</rt></ruby>にお<ruby>金<rt>かね</rt></ruby>を<ruby>送<rt>おく</rt></ruby>りたい　　　ｂ お<ruby>振<rt>ふ</rt></ruby>り<ruby>込<rt>こ</rt></ruby>み

2 ａ <ruby>自分<rt>じぶん</rt></ruby>の<ruby>口座<rt>こうざ</rt></ruby>にお<ruby>金<rt>かね</rt></ruby>を<ruby>入<rt>い</rt></ruby>れたい　　　ｂ お<ruby>預<rt>あず</rt></ruby>け<ruby>入<rt>い</rt></ruby>れ

3 ａ <ruby>口座<rt>こうざ</rt></ruby>にいくらあるか<ruby>確認<rt>かくにん</rt></ruby>したい　　　ｂ <ruby>残高照会<rt>ざんだかしょうかい</rt></ruby>

④ **トラブルに<ruby>対処<rt>たいしょ</rt></ruby>する** MP3 **63**

1234?

Ａ あのう、ａ <u><ruby>暗証番号<rt>あんしょうばんごう</rt></ruby>を<ruby>忘<rt>わす</rt></ruby>れ</u>てしまったんですが。

Ｂ では、ｂ <u><ruby>再設定<rt>さいせってい</rt></ruby>の<ruby>手続<rt>てつづ</rt></ruby>き</u>についてご<ruby>案内<rt>あんない</rt></ruby>いたします。

1 ａ <ruby>通帳<rt>つうちょう</rt></ruby>の<ruby>印鑑<rt>いんかん</rt></ruby>を<ruby>紛失<rt>ふんしつ</rt></ruby>した　　　ｂ <ruby>再登録<rt>さいとうろく</rt></ruby>

2 ａ キャッシュカードをなくした　　　ｂ <ruby>再発行<rt>さいはっこう</rt></ruby>

3 ａ モバイルバンキングにログインできなくなった　　　ｂ <ruby>再認証<rt>さいにんしょう</rt></ruby>

단어

お<ruby>引<rt>ひ</rt></ruby>き<ruby>出<rt>だ</rt></ruby>し (예금) 인출 | **キー** 키 | **<ruby>押<rt>お</rt></ruby>す** 누르다 | **お<ruby>振<rt>ふ</rt></ruby>り<ruby>込<rt>こ</rt></ruby>み** 계좌 입금, 계좌 이체, 계좌 등에 금전을 넣는 것 |
お<ruby>預<rt>あず</rt></ruby>け<ruby>入<rt>い</rt></ruby>れ 예금 (입금) | **<ruby>残高照会<rt>ざんだかしょうかい</rt></ruby>** 잔액조회 | **<ruby>再設定<rt>さいせってい</rt></ruby>** 재설정 | **<ruby>手続<rt>てつづ</rt></ruby>き** 수속 | **〜について** 〜에 대하여, 〜에 관하여 |
いたす 하다(する의 경어) | **<ruby>紛失<rt>ふんしつ</rt></ruby>する** 분실하다 | **<ruby>再登録<rt>さいとうろく</rt></ruby>** 재등록 | **キャッシュカード** 현금카드 | **<ruby>再発行<rt>さいはっこう</rt></ruby>** 재발행 |
モバイルバンキング 모바일뱅킹 | **ログイン** 로그인 | **<ruby>再認証<rt>さいにんしょう</rt></ruby>** 재인증

金	すみません。口座を作りたいんですが。
係員	ありがとうございます。では、こちらに、ご記入をお願いします。身分証明書はお持ちですか。
金	外国人登録証でいいですか。はい。どうぞ。
係員	ちょっとコピーさせていただきますね。それからここに印鑑をお願いします。
金	はい。できました。これでいいですか。
係員	ありがとうございます。2週間ぐらいでカードが届くと思いますので、しばらくお待ちください。

金	すみません。この口座番号にお金を送りたいんですけど、どうすればいいですか。
係員	はい。ご送金ですね。今の時間ですと、処理されるのは明日になりますが、よろしいですか。
金	はい。大丈夫です。
係員	では、まずこちらの「お振り込み」のボタンを押してください。それから、ご送金先の口座番号と金額を入力してください。
金	なるほど。あとは、私の名前と電話番号を入力して、ここにお金を入れればいいんですね。
係員	はい。よく使うご送金先は登録しておくと、振り込みのたびに入力しなくてもいいので便利ですよ。
金	わかりました。ありがとうございます。

 본문을 읽고 질문에 대답해 봅시다.

1 口座を作るにはどうしたらいいですか。

2 係員はどうすれば便利だと言っていますか。

記入 기입 ｜ 外国人登録証 외국인등록증 ｜ コピーする 복사하다 ｜ 届く 닿다, 도착하다 ｜ 処理する 처리하다

ボタン 버튼, 단추 ｜ なるほど 과연, 역시 ｜ 送金先 송금할 곳 ｜ 登録する 등록하다 ｜ ～たびに ～할 때마다

入力する 입력하다 ｜ 便利だ 편리하다

表現を広げよう

🌱 ～たびに

・試験のたびに成績が上がっています。
・ここに来るたびに昔を思い出します。

📎 다음 참고어휘 중에서 단어를 선택해 문장을 완성해 봅시다.

1 _____A_____を使うたびに_____B_____が減っていきます。

2 _____A_____を使うたびに_____B_____が増えていきます。

┌─ 참고 어휘 ─

Ⓐ
体　頭　お金　カード
辞書　パソコン

Ⓑ
貯金　筋肉　借金　体重
知識　時間　ポイント　友達

단어 **成績** 성적 ｜ **思い出す** 생각해 내다, 회상하다 ｜ **減る** 줄다 ｜ **増える** 늘어나다 ｜ **貯金** 저금 ｜ **筋肉** 근육 ｜ **借金** 빚
体重 체중 ｜ **知識** 지식

ロールプレイ

銀行ゲーム

여기는 은행입니다. 두 사람이 짝이 되어 대화를 해 봅시다.

과제 1

客 きゃく	아래 그림에서 용건을 선택하여 창구 직원에게 말하세요.	窓口 まどぐち の人 ひと	손님 이야기를 듣고 필요한 것에 대해 알려 주세요.

客 용건

積み立てがしたい
つ た

定期預金を作りたい
てい き よ きん つく

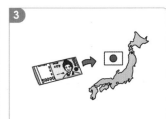

海外送金がしたい
かいがいそうきん

과제 2

客 きゃく	아래 그림에서 ATM을 사용하는 목적을 선택하여 그 사용법을 직원에게 물어보세요.	係員 かかりいん	손님 질문을 듣고 ATM의 조작법을 알려 주세요.

客 ATM을 사용하는 목적

他の銀行にお金を送る
ほか ぎんこう かね おく

自分の口座にお金を入れる
じ ぶん こう ざ かね い

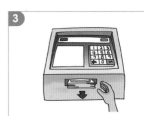

お金を下ろす
かね お

1 「お振り込み」キー → 口座番号入力 → 金額入力

2 「お預け入れ」キー → カードを入れる → 現金を入れる → 「確認」キー

3 「お引き出し」キー → 暗証番号入力 → 金額入力

과제3

客 아래 그림에서 하나를 선택하여 발생한 문제에 대해 직원에게 물어보세요.

係員 손님 이야기를 듣고 대처 방법에 대해 알려 주세요.

客 일어난 문제

登録した印鑑がわからなくなった

ATMからカードが出てこない

前の人が財布を忘れて行った

GOAL

과제를 잘 해냈습니까? 다시 생각하며 체크해 봅시다.　　◎ 매우 잘함　○ 보통　△ 겨우 해냄　×잘 못함

과제 1	窓口で用件を伝える	
과제 2	ATMの使い方を聞く	
과제 3	トラブルに対処する	

단어

定期預金 정기예금 ｜ 金額 금액 ｜ 現金 현금

単語チェック

알고 있는 단어들을 네모 안에 체크해 봅시다.

●● 1류 동사

□ おす(押す)

□ とどく(届く)

□ へる(減る)

●● 2류 동사

□ ふえる(増える)

●● 3류 동사

□ さいはっこうする(再発行する)

□ しょりする(処理する)

□ ふんしつする(紛失する)

□ にゅうりょくする(入力する)

●● 증명

□ いんかん(印鑑)

□ うんてんめんきょしょう(運転免許証)

□ がいこくじんとうろくしょう (外国人登録証)

□ みぶんしょうめいしょ(身分証明書)

●● 은행

□ あんしょうばんごう(暗証番号)

□ (お)あずけいれ(預け入れ)

□ (お)ひきだし(引き出し)

□ (お)ふりこみ(振り込み)

□ かいがいそうきん(海外送金)

□ げんきん(現金)

□ こうざばんごう(口座番号)

□ さいにんしょう(再認証)

□ ざんだかしょうかい(残高照会)

●●

□ そうきん(送金)

□ つうちょう(通帳)

□ つみたて(積み立て)

□ ていきよきん(定期預金)

□ てつづき(手続き)

□ にゅうきん(入金)

□ りょうがえ(両替)

●● 기타

□ きにゅう(記入)

□ きんがく(金額)

□ きんにく(筋肉)

□ こうきょうりょうきん(公共料金)

□ さいせってい(再設定)

□ さいとうろく(再登録)

□ しはらい(支払い)

□ しゃっきん(借金)

□ そうさほうほう(操作方法)

□ たいじゅう(体重)

□ ～たびに

□ ちしき(知識)

□ ようけん(用件)

●● 숙어표현

□ おかねをおろす(お金を下ろす)

□ てすうりょうがかかる(手数料がかかる)

Lesson

09

<ruby>旅<rt>りょ</rt>行<rt>こう</rt>会<rt>がい</rt>社<rt>しゃ</rt></ruby>

이 과에서는 여행을 예약하거나,
여행 내용을 묻는 데 필요한 어휘와 표현을 배웁니다.

1 あなたは旅行が好きですか。

2 今までで一番印象に残っている旅行は、どんな旅行ですか。

☑ 이 단어 알고 있나요?

1 예약

2 취소, 캔슬

3 변경

4 여권, 패스포트

5 만석

6 공석

7 투어, 관광여행

8 가이드

印象 인상 | 残る 남다

88

表現

ポイント表現

MP3 66

1	電話で用件を伝える	・格安の国内ツアーを探しているんですが。
2	具体的な希望を説明する	・露天風呂付きの部屋はありますか。
3	日程を調整する	・じゃあ、その前後で探してもらえますか。
4	予約のキャンセル・変更をする	・すみません。予約のキャンセルをしたいんですが。

応用表現

MP3 67

✦	電話で用件を伝える	・箱根の温泉ツアーの一番安いものはいくらですか。
✦	具体的な希望を説明する	・1週間でヨーロッパを回ろうと思っています。
✦	日程を調整する	・23日の火曜日は空いていますか。
✦	予約のキャンセル・変更をする	・新幹線の席を1つキャンセルしていただきたいんですが。 ・日曜日ではなく、土曜日出発に変更は可能ですか。

ツアー 투어, 관광여행 | **具体的** 구체적 | **希望** 희망 | **露天風呂** 노천탕 | **〜付き** 〜가 딸림 | **日程** 일정
調整する 조정하다 | **前後** 전후 | **箱根** 하코네〈지명〉 | **回る** 돌다 | **出発** 출발 | **可能** 가능

① 電話で用件を伝える MP3 **68**

A もしもし。あのう、a 格安の国内ツアーを探しているんですが。

B 特にご希望の場所はございますか。

A そうですね。b 箱根か伊豆がいいですね。

1 a ガイド付きのヨーロッパ　　　　b スイスとかパリ

2 a １０日間ぐらいの海外　　　　b できればハワイ

3 a 温泉に入れる安い　　　　b 九州の別府あたり

② 具体的な希望を説明する MP3 **69**

A a 露天風呂付きの部屋はありますか。

B はい。b 花火も見られるお部屋がございますよ。

1 a おしゃれで雰囲気のいいリゾートホテル　　　b 先日オープンしたばかりのホテル

2 a 料理がおいしくて海が近い宿　　　b お刺身のおいしい海辺の宿

3 a ペットと泊まれるホテル　　　b 犬と一緒に泊まれるホテル

格安 값이 쌈 | **国内** 국내 | **特に** 특히 | **伊豆** 이즈 〈지명〉 | **スイス** 스위스 | **パリ** 파리 | **海外** 해외 | **ハワイ** 하와이
九州 규슈 〈지명〉 | **別府** 벳푸 〈지명〉 | **おしゃれだ** 멋지다, 세련되다 | **雰囲気** 분위기 | **オープン** 오픈
〜たばかりの 막 〜한, 〜한 지 얼마 안 된 | **宿** 숙소 | **海辺** 해변 | **ペット** 애완동물, 반려동물 | **泊まる** 묵다

③ **日程を調整する**
<small>にってい</small> <small>ちょうせい</small>

 MP3 **70**

（10日）

A ７月９日は a 予約がいっぱいですね。
<small>がつここのか</small> <small>よやく</small>

B じゃあ、b その前後で探してもらえますか。
<small>ぜんご</small> <small>さが</small>

A １０日なら大丈夫です。
<small>とおか</small> <small>だいじょうぶ</small>

B じゃあ、その日にします。
<small>ひ</small>

1 a 満室だ
<small>まんしつ</small>
    b いつなら空いていますか
<small>あ</small>

2 a 空席がない
<small>くうせき</small>
    b 次の日はどうですか
<small>つぎ</small> <small>ひ</small>

3 a もう予約が取れない
<small>よやく</small> <small>と</small>
    b 平日でもいいんですが
<small>へいじつ</small>

④ **予約のキャンセル・変更をする**
<small>よやく</small> <small>へんこう</small>

 MP3 **71**

A すみません。a 予約のキャンセルをしたいんですが。
<small>よやく</small>

B b キャンセル料がかかりますが。
<small>りょう</small>

A はい。

1 a 予約の変更をする
<small>よやく</small> <small>へんこう</small>
    b 予約番号はお分かりですか
<small>よやくばんごう</small> <small>わ</small>

2 a 出発の日にちを変える
<small>しゅっぱつ</small> <small>ひ</small> <small>か</small>
    b 前日の変更は手数料がかかりますが
<small>ぜんじつ</small> <small>へんこう</small> <small>てすうりょう</small>

3 a レンタカーだけキャンセルする
    b では、こちらにご予約のお名前をお願いします
<small>よやく</small> <small>なまえ</small> <small>ねが</small>

단어

<small>まんしつ</small> 満室 만실 ｜ <small>くうせき</small> 空席 공석, 빈자리 ｜ <small>よやく</small> <small>と</small> 予約を取る 예약을 하다 ｜ <small>へいじつ</small> 平日 평일 ｜ 〜料 〜료, 〜요금 ｜ <small>ひ</small> 日にち 날짜

<small>か</small> 変える 바꾸다 ｜ <small>ぜんじつ</small> 前日 전날 ｜ レンタカー 렌터카

舞　すみません。北海道のツアーを探しているんですけど。

担当者　はい。特にご希望の場所はございますか。

舞　札幌とか小樽がいいですね。できるだけ多くの場所を回りたいです。

あと、雪まつりを見たり、おいしいものを食べたりしたいんです。

担当者　そうですか。北海道に行かれたことはありますか。

舞　いえ、北海道どころか、近くの温泉も行ったことがないんです。

担当者　ご出発はいつですか。

舞　うーん、８月２３日ぐらいで考えているんですけど。

担当者　空席を確認しますね。少々お待ちください。

- -

担当者　ああ、２３日はいっぱいですね。

舞　じゃあ、その前後で探してもらえますか。

担当者　２４日なら、空いていますが。

舞　じゃあ、その日でお願いします。

 본문을 읽고 질문에 대답해 봅시다.

1　舞さんはどこに旅行をしたいと思っていますか。

2　2人はいつから旅行に行きますか。

단어

北海道 홋카이도 〈지명〉 | 担当者 담당자 | 札幌 삿포로 〈지명〉 | 小樽 오타루 〈지명〉 | 雪まつり 눈축제

～どころか～も ～은커녕 ～도, ～은 고사하고 ～도

表現を広げよう

🌱 〜どころか〜も

・のどが痛くて食事どころか水も飲めません。
・旅行どころかテレビを見る暇もありません。

보기와 같이 괄호의 단어를 적절한 표현으로 바꾼 후, 두 사람이 짝이 되어 연습해 봅시다.

보기

焼酎、どれぐらい
飲める？

私、焼酎どころか
ビールも飲めないよ。
(焼酎・ビール)

1 A 隣の部屋の人と話したことある？

　B ＿＿＿＿＿＿どころか＿＿＿＿＿＿もしたことないよ。(話・あいさつ)

2 A 夏休みはどこか旅行に行った？

　B バイトが忙しくて＿＿＿＿＿＿どころか＿＿＿＿＿＿もできなかったよ。
　(海外旅行・国内旅行)

3 A 日本語の勉強はどうですか。

　B 始めて３ケ月になりますが、まだ＿＿＿＿＿＿どころか＿＿＿＿＿＿も書け

　ないんですよ。(漢字・ひらがな)

暇 여유, 짬 | 焼酎 소주 | バイト 아르바이트

ロールプレイ

旅行会社ゲーム

여행사에 전화를 합니다. 두 사람이 짝이 되어 대화를 해 봅시다.

 과제 I

| 客
きゃく | ・아래의 그림에서 여행하고 싶은 곳을 골라 전화로 여행사 직원에게 용건을 말하세요.
・여행에 대해서 구체적인 희망을 설명하세요. | 旅行会
りょこうがい
社の人
しゃ　ひと | 손님의 이야기를 듣고, 여행 상품을 설명하면서 여행을 추천하세요. |

客 여행하고 싶은 곳

1 香港
ホンコン

2 パリ

3 ニューヨーク

4 リオデジャネイロ

5 エジプト

6 沖縄
おきなわ

客 구체적인 희망

場所 ばしょ	希望 きぼう
香港 ホンコン	きれいな夜景が見られるツアー 　　　やけい　み
パリ	自由時間の多いスケジュール じゆうじかん　おお
ニューヨーク	本場のミュージカルが見られるツアー ほんば　　　　　　　み
リオデジャネイロ	韓国人ガイドの説明が聞けるツアー かんこくじん　　せつめい　き
エジプト	遺跡めぐりができるツアー いせき
沖縄 おきなわ	水上スキーの体験ができるツアー すいじょう　　　たいけん

과제 2

客 きゃく	• 출발하는 날을 정하고, 비행기 예약을 하세요. • 만석이라면 빈자리가 있는 날을 찾아 달라고 하세요.	旅行会 りょこうがい 社の人 しゃ ひと	• 비행기가 만석인 것을 전달하세요. • 빈자리가 있는 날을 찾아서 손님에게 말하세요.

과제 3

客 きゃく	아래의 그림에서 골라 예약을 취소하고 변경하세요.	旅行会 りょこうがい 社の人 しゃ ひと	손님의 이야기를 듣고 응대하세요.

客

1

よやく
予約をキャンセルする

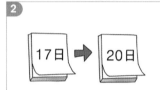

2

しゅっぱつ ひ へんこう
出発の日を変更する

3

にんずう へんこう
人数を変更する

旅行会社の人
りょう

1 キャンセル料がかかる

2 その日は空いていない
ひ あ

3 追加料金が必要
ついか りょうきん ひつよう

GOAL

과제를 잘 해냈습니까? 다시 생각하며 체크해 봅시다.　◎ 매우 잘함　○ 보통　△ 겨우 해냄　×잘 못함

과제 1-1	電話で用件を伝える でんわ ようけん つた	
과제 1-2	具体的な希望を説明する くたいてき きぼう せつめい	
과제 2	日程を調節する にってい ちょうせつ	
과제 3	予約の変更をする よやく へんこう	

単語チェック

알고 있는 단어들을 네모 안에 체크해 봅시다.

●● 1류동사

☐ とまる(泊まる)

☐ のこる(残る)

☐ まわる(回る)

●● 2류동사

☐ かえる(変える)

☐ はじめる(始める)

●● 3류동사

☐ ちょうせいする(調整する)

●● 부사

☐ とくに(特に)

●● 여행

☐ いせき(遺跡)

☐ かいがい(海外)

☐ かくやす(格安)

☐ くうせき(空席)

☐ こくない(国内)

☐ たいけん(体験)

☐ ツアー

☐ まんしつ(満室)

☐ やけい(夜景)

☐ やど(宿)

☐ ゆきまつり(雪まつり)

☐ レンタカー

☐ ろてんぶろ(露天風呂)

●● 기타

☐ いんしょう(印象)

☐ うみべ(海辺)

☐ かのう(可能)

☐ きぼう(希望)

☐ ぐたいてき(具体的)

☐ しょうちゅう(焼酎)

☐ すいじょうスキー(水上スキー)

☐ ぜんご(前後)

☐ ぜんじつ(前日)

☐ ～たばかりの

☐ たんとうしゃ(担当者)

☐ ～つき(付き)

☐ にってい(日程)

☐ にんずう(人数)

☐ ひにち(日にち)

☐ ふんいき(雰囲気)

☐ へいじつ(平日)

☐ ペット

☐ ほんば(本場)

☐ ～めぐり

☐ ～りょう(料)

●● 숙어표현

☐ よやくをとる(予約を取る)

ゆう　びん　きょく
郵便局

이 과에서는 우체국에서 우표를 사거나 외국으로 편지나
소포를 보낼 때 필요한 표현과 어휘를 배웁니다.

1 あなたはどんなときに郵便局（ゆうびんきょく）に行（い）きますか。

2 小包（こづみ）を送（おく）るとき、郵便（ゆうびん）と宅配便（たくはいびん）のどちらをよく利用（りよう）しますか。

✔ 이 단어 알고 있나요?

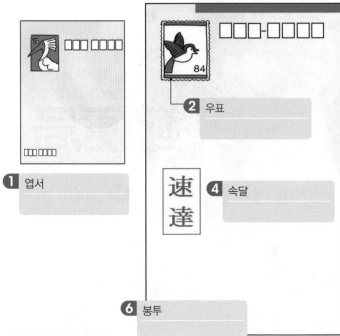

2 우표

3 우편번호

1 엽서

4 속달

5 등기

6 봉투

7 우체통

8 배달

단어

宅急便（たっきゅうびん） 택배

表現

ポイント表現 ♪ MP3 **74**

1	切手(きって)・はがきを買(か)う	・84円(えんきって)切手1枚(まい)とはがき3枚(まい)ください。
2	書類(しょるい)を送(おく)る	・これ、書留(かきとめ)でお願(ねが)いします。 ・日曜日(にちようび)も配達(はいたつ)されますよね。
3	小包(こづつみ)を送(おく)る	・シアトルまで小包(こづつみ)を送(おく)りたいんですが、一番早(いちばんはや)いものはどれですか。 ・日数(にっすう)はどのぐらいかかりますか。
4	送(おく)るものの内容(ないよう)について説明(せつめい)する	・衣類(いるい)とキッチン用品(ようひん)が入(はい)っています。

応用表現 ♪ MP3 **75**

✦	切手(きって)・はがきを買(か)う	・記念切手(きねんきって)はありますか。
✦	書類(しょるい)を送(おく)る	・着払(ちゃくばら)いでお願(ねが)いします。 ・速達(そくたつ)だと何日(なんにち)で届(とど)きますか。
✦	小包(こづつみ)を送(おく)る	・航空便(こうくうびん)と船便(ふなびん)とどのぐらい値段(ねだん)が違(ちが)いますか。
✦	送(おく)るものの内容(ないよう)について説明(せつめい)する	・割(わ)れものが入(はい)っています。

単어 書類(しょるい) 서류 | 書留(かきとめ) 등기 | 配達(はいたつ)する 배달하다 | 小包(こづつみ) 소포 | シアトル 시애틀〈지명〉| 日数(にっすう) 일수 | 衣類(いるい) 의류
キッチン用品(ようひん) 주방용품 | 記念切手(きねんきって) 기념우표 | 着払(ちゃくばら)い 착불 | 速達(そくたつ) 속달 | 航空便(こうくうびん) 항공편 | 船便(ふなびん) 배편 | 値段(ねだん) 가격
違(ちが)う 다르다 | 割(わ)れもの 깨지기 쉬운 물건

いれかえ練習

① 切手・はがきを買う MP3 **76**

A　すみません。
　　８４円切手 a 1枚と b はがき３枚ください。

B　はい、c ２７３円になります。

1 a ４枚	b 絵はがき	c ５２５円
2 a ６枚	b 年賀はがき	c ６９３円
3 a １０枚	b 国際郵便はがき	c １,０５０円

② 書類を送る MP3 **77**

A　これ、a 書留でお願いします。

B　はい、a 書留ですね。

A　b 日曜日も配達されますよね。

B　はい。

1 a 速達	b 明日には届く
2 a 着払い	b 不在の場合は再配達される
3 a 配達日指定	b 休日でも大丈夫だ

絵はがき 그림엽서 ｜ 年賀はがき 연하 엽서 ｜ 国際郵便 국제우편 ｜ 不在 부재 ｜ 再配達 재배달 ｜ 配達日 배달일

指定 지정 ｜ 休日 휴일

③ 小包を送る

A シアトルまで小包を送りたいんですが、
a 一番早いものはどれですか。

B b EMSになりますね。

A 日数はどのぐらいかかりますか。

B c 3日ぐらいです。

A じゃあ、それでお願いします。

1 a 一番安い　　　　　　　　　　b 船便　　　　　　　　c 2ヶ月

2 a 船便より早くて安い　　　　　b エコノミー航空便　　c 2週間

3 a 1週間以内に届くもので一番安い　b 航空便　　　　　　c 6日

④ 送るものの内容について説明する

A 中身は何ですか。

B a 衣類とキッチン用品が入っています。

A b 割れものは入っていませんね。

B はい、ありません。

1 a カップラーメンとお菓子　　　　b 生もの

2 a ビールとジュース　　　　　　　b びん類

3 a スポーツ用品　　　　　　　　　b 貴重品

エコノミー航空便 이코노미 항공편(해외로 보내는 우편물을 일본 국내에서는 배편으로 취급하고 양국 간은 항공 수송을 하기 때문에 배편보다 빠르고 항공편보다 저렴한 서비스. SAL편이라고도 한다.) | 以内 이내 | 中身 내용물
カップラーメン 컵라면 | 生もの 날것 | びん類 병류 | 貴重品 귀중품

金	すみません、海外に小包を送りたいんですけど。
局員	はい、じゃあ、重さを測りますので、この上に載せてください。 国はどちらですか。
金	アメリカのハワイです。
局員	船便と航空便と、あとEMSがありますが、どれになさいますか。 一番早いのはEMSで3日ほどで着きますが、ちょっと送料が 高くなって…。えーと、2，400円ですね。
金	ええ！そんなにするんですか。航空便はいくらですか。
局員	航空便ですと1，860円で、だいたい1週間ほどかかります。
金	1週間ですか。飛行機だからって早いわけじゃないんですね。
局員	航空便の中でも優先的に取り扱うのがEMS なんです。
金	そうですか。じゃあ、航空便でいいです。 あと、ついでにこの手紙もお願いします。
局員	はい。かしこまりました。

 本文を読んで質問に対答えてみましょう。

1 金さんは郵便局で何をしましたか。

2 金さんはどうして航空便にしましたか。

局員 ○○국 직원 ｜ 重さ 무게 ｜ 測る 재다 ｜ 載せる 얹다 ｜ なさる 하시다 (**する**의 경어) ｜ 送料 송료
だいたい 대략 ｜ ～ほど ～정도 ｜ ～(だ)からって～わけじゃない ～라고 해서 꼭 ～는 아니다 ｜ 優先的 우선
取り扱う 취급하다 ｜ ついでに 하는 김에

表現を広げよう

♪ MP3 **81**

🌱 ついでに

・ついでにもう一つ言わせていただきますと…。
・買い物に出たついでに食事を取ることにしました。

 보기와 같이 그림을 보고 빈칸에 들어갈 말을 써 봅시다.

A ちょっと、郵便局に行ってくるね。
B 郵便局に行くなら、ついでにこの荷物も
　出してきて。

1

A スーパーに行ってくるね。
B ＿＿＿＿＿＿＿＿＿に行くなら、ついでに
　＿＿＿＿＿＿＿＿＿＿＿＿＿＿＿＿＿。

2

A クリーニング屋に行ってくるね。
B ＿＿＿＿＿＿＿＿＿に行くなら、ついでに
　＿＿＿＿＿＿＿＿＿＿＿＿＿＿＿＿＿。

3

A ごみ捨てに行ってくるね。
B ＿＿＿＿＿＿＿＿＿に行くなら、ついでに
　＿＿＿＿＿＿＿＿＿＿＿＿＿＿＿＿＿。

食事を取る 식사를 하다 ｜ クリーニング屋 세탁소

ロールプレイ

郵便局ゲーム

 여기는 우체국입니다. 두 사람이 짝이 되어 대화를 해 봅시다.

 과제1

客 きゃく	아래의 그림에서 우표와 엽서를 골라서 사세요.	窓口 まどぐち の人 ひと	손님의 이야기를 듣고 우표와 엽서를 파세요.

客 살 것

50円切手 / 普通はがき

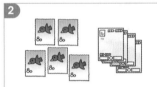

80円切手 / 年賀はがき

90円切手 / 絵はがきセット

窓口の人 料金表

種類 しゅるい	料金 りょうきん
普通はがき ふ つう	1枚63円 まい えん
年賀はがき ねん が	1枚63円 まい えん
絵はがき え	1セット(5枚入り)550円 まい い えん

 과제2

客 きゃく	보내는 방법을 아래에서 골라 편지를 보내세요.	窓口 まどぐち の人 ひと	손님의 이야기를 듣고 응대하세요.

送る方法 おく ほうほう	価格 か かく	
書留 かきとめ	基本料金＋435円 き ほんりょうきん えん	基本料金は84円 き ほんりょうきん えん
速達 そくたつ	基本料金＋260円 き ほんりょうきん えん	

客	• 창구의 직원과 이야기해서 보내는 방법을 정하고, 소포(5kg)를 보내세요. • 소포 내용물에 대해서 물어보면 대답하세요.

窓口の人	• 소포를 보내는 방법에 대해서 손님에게 안내하세요. • 소포 내용물을 묻고, 부서지는 것, 날것, 병류가 들어 있지 않은지 확인하세요.

客 보내는 나라와 물건

国：オーストラリア
もの：衣類とキッチン用品

国：ブラジル
もの：カップラーメンとお菓子

国：フィリピン
もの：ビールとジュース

窓口の人 요금표

送る手段	オーストラリア	ブラジル	フィリピン
EMS	13,000円 / 3日	17,100円 / 4日	8,150円 / 2日
航空便	12,450円 / 7日	15,350円 / 9日	7,300円 / 10日
エコノミー航空便	7,600円 / 2週間	11,100円 / 3週間	5,100円 / 2〜3週間
船便	4,900円 / 2ヶ月	5,500円 / 3ヶ月	4,100円 / 2〜3ヶ月

 GOAL

 과제를 잘 해냈습니까? 다시 생각하며 체크해 봅시다.　◎ 매우 잘함　○ 보통　△ 겨우 해냄　×잘 못함

과제 1	切手・はがきを買う	
과제 2	書類を送る	
과제 3-1	小包を送る	
과제 3-2	送るものの内容について説明する	

単語チェック

알고 있는 단어들을 네모 안에 체크해 봅시다.

●● 1류 동사

- □ とりあつかう(取り扱う)
- □ はかる(測る)

●● 2류 동사

- □ のせる(載せる)

●● 부사

- □ だいたい
- □ ついでに

●● 우편

- □ えはがき(絵はがき)
- □ かきとめ(書留)
- □ きねんきって(記念切手)
- □ こうくうびん(航空便)
- □ こくさいゆうびん(国際郵便)
- □ こづつみ(小包)
- □ さいはいたつ(再配達)
- □ そうりょう(送料)
- □ そくたつ(速達)
- □ たっきゅうびん(宅急便)
- □ ちゃくばらい(着払い)
- □ はいたつ(配達)
- □ ふなびん(船便)

●● 소포 내용물

- □ いるい(衣類)
- □ きちょうひん(貴重品)
- □ しょるい(書類)
- □ なまもの(生もの)
- □ びんるい(びん類)
- □ われもの(割れもの)

●● 기타

- □ いない(以内)
- □ おもさ(重さ)
- □ カップラーメン
- □ きゅうじつ(休日)
- □ きょくいん(局員)
- □ クリーニングや(クリーニング屋)
- □ してい(指定)
- □ しゅるい(種類)
- □ ついか(追加)
- □ にっすう(日数)
- □ ねだん(値段)
- □ ふざい(不在)
- □ ゆうせんてき(優先的)

●● 숙어 표현

- □ しょくじをとる(食事を取る)

11

びょういん
美容院

이 과에서는 미용실에서 자신이 희망하는 머리 모양과
스타일을 전달하는 데 필요한 어휘와 표현을 배웁니다.

1 あなたは美容院に月に何回ぐらい行きますか。

2 美容院に行ったあと、髪型が気に入らなかったことがありますか。

✔ 이 단어 알고 있나요?

1 파마

2 커트

3 염색, 컬러링

4 앞머리

5 곱슬머리

6 드라이기

7 머리 모양

8 샴푸

단어

美容院 미용실 ∣ **何回** 몇 번 ∣ **髪型** 머리 모양, 헤어스타일

表現

ポイント表現　MP3 **82**

1	希望(きぼう)を伝(つた)える	・カットをお願(ねが)いしたいんですが。
2	具体的(ぐたいてき)なスタイルについて説明(せつめい)する	・前髪(まえがみ)を3センチほど切(き)ってください。 ・後(うし)ろは肩(かた)につくぐらいにしてください。
3	アドバイスを求(もと)める	・髪(かみ)が傷(いた)んでしまったんですが、どうすればいいですか。
4	やり直(なお)してもらう	・パーマがすっかり取(と)れてしまったんです。もう一度(いちど)やり直(なお)していただけますか。

応用表現　MP3 **83**

✦	希望(きぼう)を伝(つた)える	・カラーをしたいんです。
✦	具体的(ぐたいてき)なスタイルについて説明(せつめい)する	・耳(みみ)が見(み)えるぐらいの長(なが)さにしてください。
✦	アドバイスを求(もと)める	・うまくまとまらないんです。 ・毛先(けさき)が広(ひろ)がりやすくて悩(なや)んでいます。
✦	やり直(なお)してもらう	・やり直(なお)していただくことはできますか。

단어　カット 커트 | 前髪(まえがみ) 앞머리 | 肩(かた)につく 어깨에 닿다 | 求(もと)める 구하다, 요구하다 | 髪(かみ) 머리, 머리털 | 傷(いた)む 상하다
やり直(なお)す 다시 하다 | パーマが取(と)れる 파마가 풀리다 | カラーをする 염색을 하다 | 長(なが)さ 길이 | まとまる 정돈되다
毛先(けさき) 머리카락 끝 | 広(ひろ)がる 퍼지다 | 悩(なや)む 고민하다

いれかえ練習

① 希望を伝える ♪ MP3 **84**

A 今日はどのようになさいますか。

B ａ カットをお願いしたいんですが。

A ｂ カットですね。

B はい。ｃ 耳にかかるぐらいにしてください。

1 ａ パーマをかける	ｂ パーマ	ｃ ゆるめにかける
2 ａ カラーをする	ｂ カラー	ｃ 色はダークブラウンにする
3 ａ トリートメントをする	ｂ トリートメント	ｃ 一番高いものにする

② 具体的なスタイルについて説明する ♪ MP3 **85**

A どのぐらいカットしますか。

B ａ 前髪を３センチほど切ってください。

A ｂ 後ろはどうしますか。

B ｃ 肩につくぐらいにしてください。

1 ａ 全体的に少し軽くする	ｂ 長さ	ｃ そのまま
2 ａ 毛先だけ切って揃える	ｂ 前髪	ｃ 眉毛にかかる程度
3 ａ この雑誌のような感じにする	ｂ 分け目	ｃ 真ん中

かかる 걸리다 ｜ **パーマをかける** 파마를 하다 ｜ **ゆるめ** 느슨한 모양 ｜ **ダークブラウン** 다크브라운

トリートメント 트리트먼트 ｜ **全体的に** 전체적으로 ｜ **そのまま** 그대로 ｜ **揃える** 가지런히 하다 ｜ **眉毛** 눈썹

程度 정도 ｜ **感じ** 느낌 ｜ **分け目** 가르마

③ **アドバイスを求める**

A a 髪が傷んでしまったんですが、
　　どうすればいいですか。

B b 傷んだところを切って、
　　c トリートメントをするのはどうですか。

A そうですね。

1 a 顔を小さく見せたい　　b あごの長さで切る　　c 内側に巻く

2 a 少し大人っぽくしたい　　b ゆるくパーマをかける　　c 前髪を横に流す

3 a くせ毛で困っている　　b 少しカットをする　　c ストレートパーマにする

④ **やり直してもらう**

A 昨日、ここで a パーマをかけたんですけど。

B はい。

A b パーマがすっかり取れてしまったんです。
　　もう一度やり直していただけますか。

B そうですか。申し訳ございませんでした。
　　こちらへどうぞ。

1 a カラーをした　　b 色が落ちてしまった

2 a カットをお願いした　　b 左右の長さが違う

3 a ストレートパーマをかけた　　b まっすぐになっていない

단어 あご 턱 | 内側 안쪽 | 巻く 말다 | 大人っぽい 어른스럽다 | ゆるい 느슨하다 | 流す 흘리다 | くせ毛 곱슬머리
ストレートパーマ 스트레이트 파마 | 色が落ちる 색이 빠지다 | 左右 좌우

美容師　今日はどのようになさいますか。

李　　　カットをお願いします。この雑誌のような感じにしてほしいんです。
　　　　前髪をちょっと短めにして、横はあごのラインで切ってください。

美容師　ああ。あのスタッフみたいな、ああいう感じですか。

李　　　うーん、前髪はもうちょっと短く…眉毛が見えるぐらいで。

美容師　後ろも横と同じ長さに揃えて切りますか。

李　　　はい、お願いします。

美容師　できましたよ。こんな感じでいかがですか。

李　　　うーん。前髪はもっと思い切って短くしてください。

美容師　このぐらいでどうですか。

李　　　わあ。理想どおりです。
　　　　遠い美容院まで来てよかった。気に入りました。

美容師　ありがとうございます。またお越しください。

 본문을 읽고 질문에 대답해 봅시다.

1　李さんは何をしに美容院に行きましたか。

2　李さんは前髪をどのように切りましたか。

表現を広げよう

🌱 ～てよかった

・久しぶりにあなたに会えてよかったです。
・バスツアーに事前に申し込んでおいてよかったです。

📎 보기와 같이 빈칸에 들어갈 말을 골라 알맞게 고쳐 써 봅시다.

> **보기** 今日はかさを持ってきてよかった。

1 久しぶりに＿＿＿＿＿＿＿＿＿＿＿＿よかった。

2 やっぱり今の＿＿＿＿＿＿＿＿＿＿＿よかったです。

3 けがが＿＿＿＿＿＿＿＿＿＿＿よかったです。

持ってくる　　　たいしたことがない　　　大学を選ぶ　　　先生に会える

事前に 사전에 ｜ **申し込む** 신청하다 ｜ **久しぶりに** 오랜만에 ｜ **たいした** 이렇다 할, 대단한 ｜ **選ぶ** 고르다, 선택하다

ロールプレイ

美容院ゲーム
音　音短　荘荘

여기는 미용실입니다. 두 사람이 짝이 되어 대화를 해 봅시다.

과제 I

店の人 みせ　ひと	어떤 머리 모양을 하고 싶은지 손님에게 상세하게 물어보세요.	客 きゃく	하고 싶은 머리 모양을 아래 그림에서 골라, 미용사에게 정확하게 설명하세요. 단, '이 사진처럼 하세요'라고 말하면 안 됩니다.

カット＋カラーリング(女)　おんな

カット＋カラーリング(男)

カット＋パーマ(女)　おんな

カット＋パーマ(男)　おとこ

과제 2

客
きゃく
- 고민을 상담하고, 조언을 받으세요.
- 조언 내용에 따라서 과제 1에서 고른 머리 모양을 바꾸세요.

店の人
みせ ひと
손님의 고민을 듣고, 조언을 하세요.

客 고민

1 くせ毛
げ

2 顔を小さく見せたい
かお ちい み

3 幼く見られるので大人っぽくしたい
おさな み おとな

店の人 조언

短く切る
みじか き

伸ばす
の

前髪を分ける
まえがみ わ

과제 3

客
きゃく
다음날 마음에 들지 않는 곳을 말하고 머리 모양을 고쳐 달라고 하세요.

店の人
みせ ひと
손님의 이야기를 듣고 다시 해 주겠다고 이야기하세요.

 GOAL

 과제를 잘 해냈습니까? 다시 생각하며 체크해 봅시다.　◎ 매우 잘함 ○ 보통 △ 겨우 해냄 ×잘 못함

과제 1	希望を伝える きぼう つた	
과제 2	具体的なスタイルについて説明する ぐたいてき せつめい	
과제 3-1	アドバイスを求める もと	
과제 3-2	やり直してもらう なお	

 단어

幼い 어리다 ｜ 伸ばす 기르다 ｜ 分ける 가르다, 나누다
おさな　　　　の　　　　　　　　わ

単語チェック

알고 있는 단어들을 네모 안에 체크해 봅시다.

Ⅰ류동사

- [ ] いたむ(傷む)
- [ ] かかる
- [ ] ながす(流す)
- [ ] のばす(伸ばす)
- [ ] ひろがる(広がる)
- [ ] まく(巻く)
- [ ] まとまる
- [ ] もうしこむ(申し込む)
- [ ] やりなおす(やり直す)

2류동사

- [ ] そろえる(揃える)
- [ ] わける(分ける)

い형용사

- [ ] おさない(幼い)
- [ ] おとなっぽい(大人っぽい)
- [ ] ゆるい

부사

- [ ] おもいきって(思い切って)
- [ ] じぜんに(事前に)
- [ ] ぜんたいてきに(全体的に)
- [ ] そのまま

머리

- [ ] かみがた(髪型)
- [ ] くせげ(くせ毛)
- [ ] けさき(毛先)
- [ ] まえがみ(前髪)
- [ ] わけめ(分け目)

미용실

- [ ] カット
- [ ] スタッフ
- [ ] ストレートパーマ
- [ ] びよういん(美容院)
- [ ] びようし(美容師)

기타

- [ ] あご
- [ ] うちがわ(内側)
- [ ] かた(肩)
- [ ] かんじ(感じ)
- [ ] けんこう(健康)
- [ ] さゆう(左右)
- [ ] たいした
- [ ] ていど(程度)
- [ ] まゆげ(眉毛)

인사

- [ ] おこしください(お越しください)

숙어표현

- [ ] いろがおちる(色が落ちる)
- [ ] カラーをする
- [ ] パーマがとれる(パーマが取れる)
- [ ] パーマをかける

かい　しゃ
会社

이 과에서는 회사에서 전화 응대를 하는 데
필요한 어휘와 표현을 배웁니다.

1 会社(かいしゃ)で働(はたら)いたことがありますか。ない人(ひと)はどんな会社(かいしゃ)で働(はたら)きたいですか。

2 電話(でんわ)をするときのマナーにはどんなものがありますか。

☑ 이 단어 알고 있나요?

1 상사

2 부하

3 출장

4 야근, 잔업

5 서류

6 협의

7 거래처

8 영업

단어

マナー 매너

118

表現

💡 ポイント表現

1	**不在を伝える** <small>ふ ざい つた</small>	・山田はただいま外出しておりますが。 <small>やま だ がいしゅつ</small>
2	**伝言を受ける** <small>でんごん う</small>	・よろしかったら、伝言を承りましょうか。 <small>でんごん うけたまわ</small>
3	**伝言を伝える** <small>でんごん つた</small>	・先ほど吉田商事様から、お電話がありました。 <small>さき よし だ しょう じ さま でん わ</small> ・パンフレットを明日持ってくる、とのことです。 <small>あした も</small>
4	**謝る** <small>あやま</small>	・申し訳ありません。今後気をつけます。 <small>もう わけ こん ご き</small>

💡 応用表現

✦	**不在を伝える** <small>ふ ざい つた</small>	・山田は本日お休みをいただいております。 <small>やま だ ほんじつ やす</small>
✦	**伝言を受ける** <small>でんごん う</small>	・山田が戻りましたら、お伝えいたします。 <small>やま だ もど つた</small> ・戻りましたら、折り返しお電話をさせていただきます。 <small>もど お かえ でん わ</small>
✦	**伝言を伝える** <small>でんごん つた</small>	・会議の時間を変更したいそうです。 <small>かい ぎ じ かん へんこう</small>
✦	**謝る** <small>あやま</small>	・申し訳ありません。私の不注意です。 <small>もう わけ わたし ふ ちゅう い</small>

 단어

<small>ふ ざい</small> **不在** 부재 | <small>がいしゅつ</small> **外出する** 외출하다 | <small>でんごん</small> **伝言** 전언 | <small>う</small> **受ける** 받다 | <small>うけたまわ</small> **承る** 삼가 듣다 | <small>さき</small> **先ほど** 아까, 조금 전 | <small>しょう じ</small> **商事** 상사

パンフレット 팸플릿 | <small>あやま</small> **謝る** 사과하다, 사죄하다 | <small>こん ご</small> **今後** 이후 | <small>もど</small> **戻る** 돌아오다 | <small>お かえ</small> **折り返し** 즉시 | <small>ふ ちゅう い</small> **不注意** 부주의

いれかえ練習

① 不在を伝える　🎵 MP3 **92**

A　朝日貿易の佐藤ですが、山田部長 a <u>お願いできますか</u>。

B　申し訳ございません。山田はただいま b <u>外出して</u>おりますが。

A　では、またあとでかけ直します。

B　かしこまりました。

1　a いらっしゃいますか　　　　　b 席をはずす

2　a いらっしゃいますでしょうか　b 他の電話に出る

3　a お願いします　　　　　　　　b 食事に出る

② 伝言を受ける　🎵 MP3 **93**

A　a <u>よろしかったら、伝言を 承りましょうか</u>。

B　それでは、b <u>メールを送ったので確認して</u>いただきたいとお伝えください。

A　かしこまりました。

1　a 何かお伝えしておきます

　　b 新製品のサンプルを送る

2　a 何か伝言がありましたらお伝えします

　　b 明日の打ち合わせを3時に変更する

3　a 私が代わりにご用件をお伺いいたします

　　b 今日中に携帯電話のほうに連絡する

単어　貿易 무역 | ただいま 곧, 지금 | 席をはずす 자리를 비우다 | 新製品 신제품 | サンプル 샘플

打ち合わせ 협의, 사전 미팅

③ 伝言を伝える

A 部長、先ほど吉田商事様から、
お電話がありました。

a パンフレットを明日持ってくる、とのことです。

B ああ、b パンフレットね。分かった。

1 a 至急、携帯に電話がほしい　　　b 携帯に電話

2 a 会議の資料を今日中に届ける　　b 会議の資料

3 a 調査の結果をメールで送ってほしい　　b 調査の結果

④ 謝る

A 金さん、ちょっと。

B はい、何でしょうか。

A a このごろ遅刻が多いようだけど。

B はい、申し訳ありません。b 今後気を付けます。

1 a 製品の説明書が入っていない　　b すぐ確認します

2 a 企画書がまだできていない　　　b 急いで終わらせます

3 a 会議の日にちをまだ知らせていない　　b 至急連絡します

至急 지급, 매우 급함 | **資料** 자료 | **届ける** 보내 주다, 갖다주다 | **調査** 조사 | **結果** 결과
気を付ける 조심하다, 주의하다 | **製品** 제품 | **説明書** 설명서 | **企画書** 기획서 | **知らせる** 알리다

金 　はい。大友物産でございます。

佐藤 　もしもし。朝日貿易の佐藤ですが。

金 　いつもお世話になっております。

佐藤 　海外輸出の見積りの件でお電話したんですが、

　　　山田部長をお願いできますか。

金 　申し訳ございません。山田はただいま外出中でして、

　　　３０分ほどしたら戻ると思いますが。

佐藤 　そうですか…。じゃあ、その頃にまたかけ直します。

　　　電話があったことだけ伝えていただけますか。

金 　かしこまりました。朝日貿易の佐藤様ですね。

佐藤 　はい、よろしくお願いします。

金 　はい、では失礼いたします。

 本文を読んで質問に答えてみましょう。

1 誰から誰に、電話がかかってきましたか。

2 佐藤さんは何をお願いしましたか。

物産 물산 ｜ **輸出** 수출 ｜ **見積り** 견적 ｜ **〜の件** 〜(에 관한) 건 ｜ **外出中** 외출 중

🌱 ～の件

・この間の件について詳しくお話したいんですが…。
・ご相談の件ですが、メールにてお返事させていただきます。

📎 보기와 같이 괄호의 단어를 적절한 표현으로 바꾼 후, 두 사람이 짝이 되어 연습해 봅시다.

もしもし。

あの、報告書の件で
お電話したんですが。
(報告書)

1 A どうしたんですか。

　B 実は、＿＿＿＿＿＿＿＿＿＿で、お話したいことがあるんです。

　　(明日のプレゼン)

2 A どんなご用件ですか。

　B あの、＿＿＿＿＿＿＿＿＿＿で、部長にご相談がありまして…。

　　(今回のプロジェクト)

3 A お世話になっております。

　B すみません。＿＿＿＿＿＿＿＿＿＿でお電話したんですが。

　　(次回の打ち合わせ)

단어

詳しい 자세하다, 상세하다 ┃ (수단) にて ～(으)로 ┃ 報告書 보고서 ┃ プレゼン 프레젠테이션 ┃ プロジェクト 프로젝트

ロールプレイ

<ruby>会社<rt>かいしゃ</rt></ruby>ゲーム

거래처 회사에 전화를 합니다. 두 사람이 짝이 되어 대화를 해 봅시다.

A　はい、<ruby>朝日<rt>あさひ</rt></ruby>カンパニーでございます。
B　さくら<ruby>貿易<rt>ぼうえき</rt></ruby>の○○ですが。
A　いつもお<ruby>世話<rt>せわ</rt></ruby>になっております。
B　こちらこそお<ruby>世話<rt>せわ</rt></ruby>になっております。

 과제 1

さくら<ruby>貿易<rt>ぼうえき</rt></ruby>の<ruby>社員<rt>しゃいん</rt></ruby>	<ruby>朝日<rt>あさひ</rt></ruby>カンパニーの<ruby>社員<rt>しゃいん</rt></ruby>
아래의 3명 중 한 명을 골라서 바꿔 달라고 하세요. 상대가 부재중일 경우 전언을 전달하세요.	호출한 상대가 지금 부재중인 것을 전달하세요. 전언은 없는지 물어보세요.

호출할 상대와 용건

1　<ruby>佐藤<rt>さとう</rt></ruby><ruby>部長<rt>ぶちょう</rt></ruby>：メールを<ruby>送<rt>おく</rt></ruby>ったので<ruby>確認<rt>かくにん</rt></ruby>してもらいたい

2　<ruby>田中<rt>たなか</rt></ruby><ruby>課長<rt>かちょう</rt></ruby>：<ruby>新製品<rt>しんせいひん</rt></ruby>の<ruby>見積<rt>みつ</rt></ruby>り<ruby>書<rt>しょ</rt></ruby>を<ruby>送<rt>おく</rt></ruby>ってもらいたい

3　<ruby>木村<rt>きむら</rt></ruby><ruby>係長<rt>かかりちょう</rt></ruby>：<ruby>来週<rt>らいしゅう</rt></ruby>の<ruby>打<rt>う</rt></ruby>ち<ruby>合<rt>あ</rt></ruby>わせを2<ruby>時<rt>じ</rt></ruby>に<ruby>変更<rt>へんこう</rt></ruby>してもらいたい

각각의 사원의 상황

1　<ruby>佐藤<rt>さとう</rt></ruby><ruby>部長<rt>ぶちょう</rt></ruby>・<ruby>外出<rt>がいしゅつ</rt></ruby>している

2　<ruby>田中<rt>たなか</rt></ruby><ruby>課長<rt>かちょう</rt></ruby>・<ruby>席<rt>せき</rt></ruby>をはずしている

3　<ruby>木村<rt>きむら</rt></ruby><ruby>係長<rt>かかりちょう</rt></ruby>・<ruby>食事<rt>しょくじ</rt></ruby>に<ruby>出<rt>で</rt></ruby>ている

朝日カンパニーの社員 あさ ひ　　　　　しゃいん	朝日カンパニーの上司 あさ ひ　　　　　じょう し
과제 1에서 들은 사쿠라 무역회사의 전언을 상사에게 전달하세요.	부하의 이야기를 듣고 대답을 하세요.

과제 3

朝日カンパニーの上司 あさ ひ　　　　　じょう し	朝日カンパニーの社員 あさ ひ　　　　　しゃいん
아래에서 골라 부하에게 주의를 주세요.	상사의 이야기를 듣고 사과하세요.

부하에게 주의를 줄 것

1 最近報告書にミスが多い
さいきんほうこくしょ　　　　　おお

2 このごろ営業成績が悪い
えいぎょうせいせき　　わる

3 プレゼンの資料がまだできていない
し りょう

 GOAL

 과제를 잘 해냈습니까? 다시 생각하며 체크해 봅시다.　　◎ 매우 잘함　○ 보통　△ 겨우 해냄　×잘 못함

과제 1	不在を伝える ふ ざい つた	
과제 2	伝言を受ける でんごん う	
과제 3-1	伝言を伝える でんごん つた	
과제 3-2	謝る あやま	

 단어

見積り書 견적서 ｜ **係長** 계장(님) ｜ **カンパニー** 컴퍼니 ｜ **上司** 상사 ｜ **報告書** 보고서 ｜ **ミス** 미스, 실수
みつも しょ　　　　　　　かかりちょう　　　　　　　　　　　　　　　　　　　　　　じょう し　　　　　　　　ほうこくしょ
営業成績 영업 성적
えいぎょうせいせき

単語チェック

알고 있는 단어들을 네모 안에 체크해 봅시다.

●● 1류 동사

□ あやまる(謝る)
□ うけたまわる(承る)
□ もどる(戻る)

●● 2류 동사

□ うける(受ける)
□ しらせる(知らせる)

●● 부사

□ さきほど(先ほど)
□ ただいま

●● 회사

□ うちあわせ(打ち合わせ)
□ えいぎょうせいせき(営業成績)
□ かかりちょう(係長)
□ きかくしょ(企画書)
□ しょうじ(商事)
□ じょうし(上司)
□ しんせいひん(新製品)
□ せつめいしょ(説明書)
□ ぶっさん(物産)
□ ぼうえき(貿易)
□ ほうこくしょ(報告書)
□ プレゼン
□ プロジェクト
□ みつもり(見積り)
□ みつもりしょ(見積り書)

●● 부재시의 전화

□ おりかえし(折り返し)
□ がいしゅつちゅう(外出中)
□ でんごん(伝言)

●● 기타

□ けっか(結果)
□ こんご(今後)
□ サンプル
□ しだい(次第)
□ しきゅう(至急)
□ ちょうさ(調査)
□ ～にて
□ ～のけん(件)
□ パンフレット
□ ふちゅうい(不注意)
□ マナー
□ ゆしゅつ(輸出)

●● 숙어표현

□ せきをはずす(席をはずす)
□ きをつける(気を付ける)

모범답안

Lesson 01

デパート

ウォーミングアップ p.8

1. 子供服売り場
2. エスカレーター
3. 紳士服売り場
4. 婦人服売り場
5. レジ
6. エレベーター

いれかえ練習 p.10, 11

①
1. A いらっしゃいませ。
   B すみません。a ネクタイ売り場は b 何階ですか。
   A c 3階の d 紳士服のフロアになります。
   B ありがとうございます。

2. A いらっしゃいませ。
   B すみません。a おもちゃ売り場は b どこでしょうか。
   A c 6階の d 子供服のフロアになります。
   B ありがとうございます。

3. A いらっしゃいませ。
   B すみません。a 家具売り場は b どこにありますか。
   A c 8階の d 家庭用品のフロアになります。
   B ありがとうございます。

②
1. A 何をお探しですか。
   B a ブーツを b 見たいんですが。
   A どんな a ブーツですか。
   B c 黒のロングブーツです。

2. A 何をお探しですか。
   B a 手帳を b 買いたいんですが。
   A どんな a 手帳ですか。
   B c 小さくて薄い手帳です。

3. A 何をお探しですか。
   B a ノートパソコンを b 見に来たんですが。
   A どんな a ノートパソコンですか。
   B c できるだけ軽いものです。

③
1. A すみません。あの a 真ん中の時計、b 見せてください。
   B はい。こちら、c 文字が大きくて見やすいですよ。

2. A すみません。あの a 黄色いかばん、b 見せてもらいたいんですが。
   B はい。こちら、c 丈夫で持ちやすいですよ。

3. A すみません。あの a 一番右のスマホ、b 見せてもらってもいいですか。
   B はい。こちら、c 操作が簡単で使いやすいですよ。

④
1. A すみません。先週、これ買ったんですけど。
   家で a 着てみたら、b サイズが大きくて…。c 交換してもらえますか。
   B はい、少々お待ちください。

2. A すみません。先週、これ買ったんですけど。
   家で a 試してみたら、b 全然動かなくて…。c 取り替えてもらいたいんですが。
   B はい、少々お待ちください。

3 A すみません。先週、これ買ったんですけ
ど。
家で a 確かめてみたら、b ふたが壊れて
いて…。c 返品できますか。
B はい、少々お待ちください。

客 あの白いジャンパー、見せてもらえますか。
店員 はい。こちら、昨日入ったばかりの新商品で
すよ。

● 과제 3

客 すみません。先週これ、買ったんですけど、
サイズが小さくて。取り替えてもらえますか。
店員 はい、少々お待ちください。

ダイアローグ p.12

1 スポーツ用品が売っています。

2 青の軽くてはきやすい靴です。

Lesson 02
レストラン

表現を広げよう p.13

1 A ご飯食べに行かない？
B ごめん。さっき食べたばかりだから。

2 A 明日の飲み会、一緒に行こうよ。
B ごめん。昨日も飲んだばかりだから。

3 A これからテニスをするんです。一緒にどうで
すか。
B すみません。先週退院したばかりなので、ち
ょっと…。

ウォーミングアップ p.18

1 すっぱい

2 しょっぱい

3 甘い

4 辛い

5 苦い

6 中華料理

7 和食

8 洋食

ロールプレイ p.14, 15

● 과제 1

客 すみません。ジャンパーの売り場はどこです
か。
店員 ２階の婦人服フロアになります。

● 과제 2

客 ジャンパーを探しているんですが。
店員 どんなジャンパーですか。
客 冬用の暖かいジャンパーです。
店員 では、こちらへどうぞ。

いれかえ練習 p.20, 21

① 1 A この店のおすすめは何ですか。
B 「a 和風ランチ」がおすすめです。
A それはどんな b ランチですか。
B c 焼き魚とみそ汁のランチです。

2 A この店のおすすめは何ですか。
B 「a 韓国風スープ」がおすすめです。
A それはどんな b スープですか。
B c 卵が入った少し辛いスープです。

3 A この店のおすすめは何ですか。

B 「a 季節のサラダ」がおすすめです。

A それはどんな b サラダですか。

B c 旬の野菜を使ったサラダです。

② 1 A ご注文はお決まりですか。

B a 牛丼を２つお願いします。

あと b ウーロン茶２つ。

A かしこまりました。
お飲み物はいつお持ちしましょうか。

B c 食べたあとにお願いします。

2 A ご注文はお決まりですか。

B a ハンバーグ定食を２つお願いします。

あと b 紅茶２つ。

A かしこまりました。
お飲み物はいつお持ちしましょうか。

B c 食事と一緒にお願いします。

3 A ご注文はお決まりですか。

B a 刺身盛り合わせを２つお願いします。あ
と b ビール２つ。

A かしこまりました。
お飲み物はいつお持ちしましょうか。

B c 先にお願いします。

③ 1 A すみません。a ここ、ちょっと寒いの
で、b 向こうの席に c 移りたいんですが。

B かしこまりました。こちらにどうぞ。

2 A すみません。a ここトイレが近いので、b
ちがう席に c 移動してもいいですか。

B かしこまりました。こちらにどうぞ。

3 A すみません。a 音楽がうるさいので、b
個室に c 場所を替えたいんですが。

B かしこまりました。こちらにどうぞ。

④ 1 A すみません。a これ、髪の毛が入ってい
るんですけど。

B 申し訳ありません。
すぐ b お取り替えします。

2 A すみません。a 料理が冷めているんです
けど。

B 申し訳ありません。
すぐ b 温め直します。

3 A すみません。a コーヒーじゃなくて紅茶
を頼んだと思うんですけど。

B 申し訳ありません。
すぐ b お持ちします。

ダイアローグ　p.22

1 豚肉のソテーとピザ、それから、ケーキとコー
ヒーを２つずつ注文しました。

2 いいえ。食べませんでした。

表現を広げよう　p.23

1 A あの店、おいしかったですね。

B ええ。思った通りですね。

2 A きれいな青い海ですね。

B ええ。写真で見た通りですね。

3 A 立派な建物ですね。

B そうですね。ガイドブックの通りですね。

ロールプレイ p.24, 25

店員	いらっしゃいませ。何名様ですか。
客	2人です。
店員	2名様ですね。では、こちらへどうぞ。 ご案内いたします。

● 과제 1

客	<u>ラーメン2つとコーヒー2つお願いします。</u>
店員	はい。かしこまりました。

● 과제 2

客	すみません。ここちょっと<u>暑い</u>ので、<u>向こう の席に移り</u>たいんですが。
店員	かしこまりました。こちらへどうぞ。

● 과제 3

客	すみません。<u>さしみ定食</u>じゃなくて、<u>焼肉定 食を頼んだ</u>と思うんですけど。
店員	申し訳ありません。すぐお持ちします。

Lesson 03
駅

ウォーミングアップ p.28

❶ コインロッカー
❷ 切符売り場
❸ 改札口
❹ 駅員
❺ プラットホーム(ホーム)
❻ 線路

いれかえ練習 p.30, 31

① 1 A すみません。
　　　東京行きは a <u>ここ</u>でいいですか。
　　B いいえ。東京行きなら b <u>向かいのホーム</u>
　　　ですよ。
　　A あ、そうですか。
　　　どうもありがとうございます。

　 2 A すみません。東京行きは a <u>ここから乗れ</u>
　　　<u>ば</u>いいですか。
　　B いいえ。東京行きなら b <u>ここじゃなく</u>
　　　<u>て、4番ホーム</u>ですよ。
　　A あ、そうですか。
　　　どうもありがとうございます。

　 3 A すみません。東京行きは a <u>このホームで</u>
　　　<u>合っ</u>ていますか。
　　B いいえ。東京行きなら b <u>あの階段を上がっ</u>
　　　<u>て、1番ホームから乗っ</u>てください。
　　A あ、そうですか。
　　　どうもありがとうございます。

② 1 A すみません。a <u>神戸駅</u>は b <u>どうやって行</u>
　　　<u>った</u>らいいですか。
　　B c <u>新大阪駅</u>で d <u>京都線に乗り換え</u>てくだ
　　　さい。
　　A どうもありがとうございます。

　 2 A すみません。a <u>横浜駅</u>は b <u>どう行けばい</u>
　　　<u>い</u>でしょうか。
　　B c <u>渋谷駅</u>で d <u>東横線に乗り換え</u>てくださ
　　　い。
　　A どうもありがとうございます。

　 3 A すみません。a <u>松島駅</u>は b <u>どう行ったら</u>
　　　<u>いい</u>でしょうか。
　　B c <u>仙台駅</u>で d <u>東北本線に乗り換え</u>てくだ
　　　さい。

A どうもありがとうございます。

③ 1 A すみません。電車の中に a かさを
     b 置き忘れてしまったんですけど。
   B どこ行きの電車か分かりますか。
   A たしか c 名古屋行きの電車だったと
     思います。

2 A すみません。電車の中に a 財布を
     b 置いてきてしまったんですけど。
   B どこ行きの電車か分かりますか。
   A たしか c 福岡行きの電車だったと
     思います。

3 A すみません。電車の中に a 紙袋を
     b 忘れてきてしまったんですけど。
   B どこ行きの電車か分かりますか。
   A たしか c 青森行きの電車だったと
     思います。

④ 1 A どんなかばんですか。
   B a 茶色の革のバッグです。
   A 中身は何ですか。
   B b かぎと財布が入っています。

2 A どんなかばんですか。
   B a 白のショルダーバッグです。
   A 中身は何ですか。
   B b 化粧品と手帳が入っています。

3 A どんなかばんですか。
   B a 小さめの水色のリュックです。
   A 中身は何ですか。
   B b お弁当や着替えなどが入っています。

ダイアローグ　p.32

1 東京駅です。

2 紙袋です。

表現を広げよう　p.33

1 A 山田さんは甘いものが好きでしょうか。
   B えーと、たしか 好きだった と思いますよ。

2 A 今日のランチメニュー、何か知ってる？
   B はっきり覚えてないけど、たしか 豚肉の料理 だったと思うよ。

3 A 彼はいつまでこの会社に勤めていたの？
   B たしか 2年前まで だったと思うよ。

ロールプレイ　p.34, 35

● 과제 1

乗客　すみません。ディズニーランドは、どうやって行ったらいいですか。

駅員　中央線で東京駅まで行って、東京駅で京葉線に乗り換えて舞浜駅で降りてください。

乗客　どうもありがとうございます。

● 과제 2

乗客　すみません。舞浜駅はこのホームでいいですか。

駅員　いいえ。舞浜駅なら向かいの3番ホームですよ。

乗客　あ、そうですか。それから、舞浜駅に急行は止まりますか。

駅員　ええ、止まりますよ。

● 과제 3

乗客　すみません。電車の中にかばんを置き忘れてしまったんですけど。

駅員　どこ行きの電車か分かりますか。

乗客　たしか舞浜行きの電車だったと思います。

駅員　どんなかばんですか。

乗客　茶色の革のハンドバックです。

駅員　中身は何ですか。

乗客　財布と化粧品とめがねが入っています。

Lesson 04

タクシー

ウォーミングアップ p.38

① 高速道路

② 橋

③ トンネル

④ 信号

⑤ 交差点

⑥ 歩道橋

⑦ 横断歩道

⑧ タクシー乗り場

いれかえ練習 p.40, 41

① 1 A どちらまで行かれますか。
　　　B a 南図書館までお願いします。
　　　A b 青木町の南図書館ですね。
　　　B はい。

　 2 A どちらまで行かれますか。
　　　B a 北山ホテルまでお願いします。
　　　A b 新館のほうですか。
　　　B はい。

　 3 A どちらまで行かれますか。
　　　B a 中田小学校までお願いします。
　　　A b 正門でよろしいですか。

B はい。

② 1 A まっすぐ行くと、a 信号があるので、そこを b 左に曲がってください。
　　　B はい、分かりました。
　　　A c 曲がって少し行くとコンビニがあるので、その前で止めてください。

　 2 A まっすぐ行くと、a つきあたりに出るので、そこを b 左折してください。
　　　B はい、分かりました。
　　　A c 左折してまっすぐ行くとコンビニがあるので、その前で止めてください。

　 3 A まっすぐ行くと、a 交差点があるので、そこを b 右折してください。
　　　B はい、分かりました。
　　　A c 右折すると公園の横にコンビニがあるので、その前で止めてください。

③ 1 A a かなり込んでいますね。
　　　何かあったんですか。
　　　B b 工事中みたいですね。
　　　A そうですか…。
　　　急いでいるのに、困ったなあ。

　 2 A a 渋滞がひどいですね。
　　　何かあったんですか。
　　　B b 検問しているみたいですね。
　　　A そうですか…。
　　　急いでいるのに、困ったなあ。

　 3 A a なかなか進みませんね。
　　　何かあったんですか。
　　　B b 雪で通行止めになっているみたいですね。
　　　A そうですか…。
　　　急いでいるのに、困ったなあ。

④ 1 A ちょっと a 時間がないんですが、他の道
はありませんか。

B 分かりました。国道はやめて、裏道から
行きますね。

A すみません。b 12時から結婚式なんで
す。

2 A ちょっと a 遅刻しそうなんですが、他の
道はありませんか。

B 分かりました。国道はやめて、裏道から
行きますね。

A すみません。b 友達が待っているんです。

3 A ちょっと a 時間がぎりぎりなんですが、
他の道はありませんか。

B 分かりました。国道はやめて、裏道から
行きますね。

A すみません。b バスが出発してしまうん
です。

ダイアローグ p.42

1 道路が渋滞していたからです。

2 3時に打ち合わせがあるからです。

表現を広げよう p.43

1 もう少しでひかれるところだった。

2 もう少しで転ぶところだった。

3 もう少しで踏むところだった。

ロールプレイ p.44, 45

● 과제 1

乗客 さくらデパートまでお願いします。

運転手 さくらデパートですか。

乗客 はい。まっすぐ行くと、交差点があるので、
そこを右に曲がってください。

運転手 はい、分かりました。

乗客 曲がって少し行くと、銀行があるので、その
少し前で止めてください。

● 과제 2

乗客 かなり込んでいますね。何かあったんですか。

運転手 工事をしているみたいですね。

乗客 そうですか…。急いでいるのに、困ったなあ。

● 과제 3

乗客 ちょっと時間がないんですが、他の道はあり
ませんか。

運転手 分かりました。国道はやめて、裏道から行き
ますね。

乗客 すみません。面接に遅刻しそうなんです。

Lesson 05
学校

ウォーミングアップ p.48

❶ キャンパス

❷ 講義

❸ 専攻

❹ 研究室

❺ 時間割

❻ 単位

いれかえ練習 p.50, 51

① 1 A おはよう。

B おはよう。

A 金さん、a バスケの試合、見に行く？

B うん。b 3時からだよね？

A うん。

2 A おはよう。

B おはよう。

A 金さん、a 文化祭の準備は終わった？

B うん。b あとは先生にはんこをもらえば

いいよね？

A うん。

3 A おはよう。

B おはよう。

A 金さん、a 明日のミーティングに参加す

る？

B うん。b 場所は3階のサークル室だった

よね？

A うん。

② 1 A a あの本、売ってなかった。どうしよう。

B b 図書館で借りたらどう？

A うん、そうする。

2 A a 約束の時間に遅れそう。どうしよう。

B b タクシーで行ったらどう？

A うん、そうする。

3 A a 雨が降ってきた。どうしよう。

B b お母さんに車で迎えに来てもらったら

どう？

A うん、そうする。

③ 1 A 朴さん、a 田中さんが留学するって。

B 本当？

A うん。b 来年の春行くって。

B そうなんだ。

2 A 朴さん、a 金さんのなくした財布が見つ

かったって。

B 本当？

A うん。b 親切な人が届けてくれたって。

B そうなんだ。

3 A 朴さん、a 駅前に新しいレストランがで

きたって。

B 本当？

A うん。b すごい人気で、人がいっぱいだ

って。

B そうなんだ。

④ 1 A 私が a ジュースを買っておくよ。

B b みんなと相談したほうがいいんじゃな

い？ もし c 他の人が先に買っていたら困

るし…。

A そうだね。

2 A 私が a 木村さんに伝えておくよ。

B b もう一度確認したほうがいいんじゃ

ない？ もし c 何か変更があったら困る

し…。

A そうだね。

3 A 私が a 明日先生に話しておくよ。

B b 今日中に話したほうがいいんじゃな

い？ もし c 明日先生がいなかったら困る

し…。

A そうだね。

ダイアローグ p.52

1 レポートは今日までです。

2 先生の研究室に行きます。

表現を広げよう　p.53

1　A　佐藤さんも一緒に行くって。

　　B　よかった！

2　A　木村さん、今日も残業だって。

　　B　大変だね。

3　A　新しい数学の先生、すごくおもしろいって。

　　B　そうなんだ。楽しみだね。

ロールプレイ　p.54, 55

과제 1

友達A　試験の範囲、１２ページから３５ページまで

　　　　だよね。

友達B　うん。

과제 2

友達A　アルバイトが忙しくて勉強する時間がない。

　　　　どうしよう。

友達B　アルバイトを少し減らしたらどう？

과제 3

友達A　今回の試験は難しいって。

友達B　本当？

友達A　うん。漢字も出るって。

友達B　そうなんだ。

과제 4

友達A　私、いつもケアレスミスが多くて…。

　　　　どうしたらいいかな。

友達B　試験の時は何度も見直したほうがいいんじゃ

　　　　ない？

Lesson 06

病院

ウォーミングアップ　p.58

❶　吐き気がする

❷　咳をする

❸　鼻水が出る

❹　寒気がする

❺　内科

❻　整形外科

❼　眼科

❽　耳鼻科

❾　小児科

❿　歯科

いれかえ練習　p.60, 61

①　1　A　どうされましたか。

　　　　B　a 熱があって、b 寒気がするんです。

　　　　A　いつからですか。

　　　　B　c 今朝からです。

　　2　A　どうされましたか。

　　　　B　a 食欲がなくて、b 体がだるいんです。

　　　　A　いつからですか。

　　　　B　c 昨日の昼からです。

　　3　A　どうされましたか。

　　　　B　a 便秘がひどくて、b お腹が痛いんです。

　　　　A　いつからですか。

　　　　B　c ３日前からです。

②　1　A　a 目が充血していますね。

　　　　B　b この季節になると、涙が出てかゆくな

　　　　　るんです。

2 A a 足が腫れていますね。
　 B b 昨日、階段から落ちたんです。

3 A a 虫歯がありますね。
　 B b ケーキが好きで、毎日食べてしまうん
　　　 です。

③ 1 A a 会社に行ってもいいですか。
　 B 熱が下がるまでは b 行かないでください。

2 A a 冷たいものを食べてもいいですか。
　 B 熱が下がるまでは b がまんしてください。

3 A a 野球部の練習に参加してもいいです
　　　 か。
　 B 熱が下がるまでは b 休んでください。

④ 1 A あのう、私、a アレルギーがあるんです
　　　 が。
　 B そうですか。じゃ、b 薬を調節しておき
　　　 ますね。
　 A はい、お願いします。

2 A あのう、私、a 明日から一カ月出張なん
　　　 ですが。
　 B そうですか。じゃ、b 薬を多めに出して
　　　 おきますね。
　 A はい、お願いします。

3 A あのう、私、a これから車を運転しなけ
　　　 ればならないんですが。
　 B そうですか。じゃ、b 眠くならない薬に
　　　 しておきますね。
　 A はい、お願いします。

ダイアローグ p.62

1 　3日前からです。

2 　のどが痛くて、寒気がします。せきが出て鼻水
　　が出ます。熱があります。

表現を広げよう p.63

1 　えっ、お姉さんですか。彼女かと思いました。

2 　えっ、ここ田中さんの家ですか。
　　お城かと思いました。

ロールプレイ p.64, 65

● 과제 1

医者　どうされましたか。
患者　熱があって、せきが出るんです。
医者　鼻水はどうですか。
患者　少し出ます。それから食欲もありません。
医者　のどが腫れていますね。
患者　ゆうべ窓を開けたまま寝てしまったんです。

● 과제 2

患者　運動をしてもいいですか。
医者　熱が下がるまではしないでください。

● 과제 3

医者　3日後にまた来てください。
患者　あのう、明日から出張で、来れるのは4日後
　　　なんですが。
医者　そうですか。では、薬を多めに出しておきま
　　　すので、4日後に来てください。
患者　わかりました。

Lesson 07
友達の家
ともだち いえ

ウォーミングアップ p.68

1 押入れ
おしい

2 洗面所
せんめんじょ

3 畳
たたみ

4 門
もん

5 玄関
げんかん

6 庭
にわ

7 リビング(居間)
いま

いれかえ練習 p.70, 71

① 1　A　あ、いらっしゃい。

B　a はじめまして。おじゃましています。

A　b よかったら夕食、食べて行ってね。
ゆうしょく　た　い

B　ありがとうございます。

2　A　あ、いらっしゃい。

B　a お久しぶりです。おじゃましています。
ひさ

A　b お茶とお菓子、ここに置いておくね。
ちゃ　かし　お

B　ありがとうございます。

3　A　あ、いらっしゃい。

B　a こんばんは。おじゃましています。

A　b ケーキ買ってきたけど食べる？
か　た

B　ありがとうございます。

② 1　A　a 素敵なお父さんだね。
すてき　とう

B　そう？ b お腹は出てるけどね。
なか　で

2　A　a かわいいお姉さんだね。
ねえ

B　そう？ b ちょっとだらしないけどね。

3　A　a かっこいいお兄さんだね。
にい

B　そう？ b いつも振られてばかりだけどね。
ふ

③ 1　A　あ、もう5時だ。
じ

そろそろ a 失礼するね。
しつれい

B　まだいいじゃない。

b もう少しゆっくりして行って。
すこ　い

2　A　あ、もう5時だ。そろそろ a 帰るね。
じ　かえ

B　まだいいじゃない。

b このドラマ一緒に見ようよ。
いっしょ　み

3　A　あ、もう5時だ。
じ

そろそろ a 行こうかな。
い

B　まだいいじゃない。

b 家まで車で送るから。
いえ　くるま　おく

④ 1　A　もうちょっとゆっくりして行ったら？
い

B　ありがとう。

でも、a もうこんな時間だから。
じかん

A　そっか。残念だけど、じゃ、またね。
ざんねん

B　うん。b 今日はごちそうさま。
きょう

2　A　もうちょっとゆっくりして行ったら？
い

B　ありがとう。

でも、a 明日の朝早いから。
あした　あさはや

A　そっか。残念だけど、じゃ、またね。
ざんねん

B　うん。b また遊びに来るね。
あそ　く

3　A　もうちょっとゆっくりして行ったら？
い

B　ありがとう。でも、a 遅くなると母に叱
おそ　はは　しか
られるから。

A　そっか。残念だけど、じゃ、またね。
ざんねん

B　うん。b また連絡する。
れんらく

ダイアローグ p.72

1　いいえ、遊びに行ったのははじめてです。
あそ　い

2　いいえ。食べませんでした。
た

1　A　また叱られたの？

　　B　うん。でも、もう慣れちゃったよ。

2　A　あれ？ コーラ、もうないね。

　　B　ごめん。私が全部飲んじゃった。

3　A　そのけがが、どうしたの？

　　B　さっき転んじゃった。

ロールプレイ　p.74, 75

課題1

Bの母(父)　あ、朴さん、いらっしゃい。

A　　　　　こんにちは。おじゃましています。

Bの母(父)　よかったら夕食、食べて行ってね。

A　　　　　ありがとうございます。

課題2

A　きれいなお母さんだね。

B　そう？ 化粧しているからだよ。

課題3

A　あ、もう5時だ。そろそろ失礼するね。

B　まだいいじゃない。
　　もう少しゆっくりして行ってよ。

A　ありがとう。でも、明日の朝早いから。

B　そっか。残念だけど、じゃ、またね。

A　うん。また遊びに来るね。

Lesson 08
銀行

ウォーミングアップ　p.78

❶　通帳

❷　暗証番号

❸　お金を下ろす

❹　口座

❺　お金を振り込む

❻　キャッシュカード

❼　記帳

いれかえ練習　p.80, 81

①　1　A a 積み立てをしたいんですが。
　　　　B b 運転免許証はお持ちですか。
　　　　A　はい。

　　2　A a 海外送金をしたいんですが。
　　　　B b 身分証明書はお持ちですか。
　　　　A　はい。

　　3　A a 口座を解約したいんですが。
　　　　B b 通帳はお持ちですか。
　　　　A　はい。

②　1　A a 今の時間は手数料がかかりますか。
　　　　B b いいえ、かかりません。

　　2　A a 1回でいくらまで送金できますか。
　　　　B b こちらの案内をご覧ください。

　　3　A a 来店予約はどのくらい前からできますか。
　　　　B b 一カ月前からできます。

③ 1 A a 他の銀行にお金を送りたいんですけど。

B では、まずこちらの「b お振り込み」キーを押してください。

2 A a 自分の口座にお金を入れたいんですけど。

B では、まずこちらの「b お預け入れ」キーを押してください。

3 A a 口座にいくらあるか確認したいんですけど。

B では、まずこちらの「b 残高照会」キーを押してください。

④ 1 A あのう、a 通帳の印鑑を紛失してしまったんですが。

B では、b 再登録の手続きについてご案内いたします。

2 A あのう、a キャッシュカードをなくしてしまったんですが。

B では、b 再発行の手続きについてご案内いたします。

3 A あのう、a モバイルバンキングにログインできなくなってしまったんですが。

B では、b 再認証の手続きについてご案内いたします。

ダイアローグ p.82

1 身分証明書と印鑑を持って、銀行の書類に記入します。

2 よく使う送金先は登録しておくと便利だと言っています。

表現を広げよう p.83

1 体を使うたびに体重が減っていきます。

2 頭を使うたびに知識が増えていきます。

ロールプレイ p.84, 85

● 과제1

客　積み立てがしたいんですが。

窓口の人　印鑑はお持ちですか。

客　はい。

● 과제2

客　他の銀行にお金を送りたいんですが。

案内員　まず「お振り込み」キーを押してください。それから、口座番号と金額を入力してください。

客　ここですね。

案内員　はい。そして最後に「確認」キーを押してください。

● 과제3

客　登録した印鑑がわからなくなってしまったんですが。

案内員　そうですか。では確認いたしますので、こちらにお持ちの印鑑を押してください。

客　はい。ここですね。

Lesson 09
旅行会社
りょこうがいしゃ

ウォーミングアップ p.88

1 予約
よやく

2 キャンセル

3 変更
へんこう

4 パスポート

5 満席
まんせき

6 空席
くうせき

7 ツアー

8 ガイド

いれかえ練習 p.90, 91

① 1 A もしもし。あのう、a ガイド付きのヨー
ロッパツアーを探しているんですが。
つ　　　　　　　　　さが
B 特にご希望の場所はございますか。
とく　きぼう　ばしょ

A そうですね。
b スイスとかパリがいいですね。

2 A もしもし。あのう、a 10日間ぐらいの
とおかかん
海外ツアーを探しているんですが。
かいがい　　　　さが
B 特にご希望の場所はございますか。
とく　きぼう　ばしょ

A そうですね。
b できればハワイがいいですね。

3 A もしもし。あのう、a 温泉に入れる安い
おんせん　はい　やす
ツアーを探しているんですが。
さが
B 特にご希望の場所はございますか。
とく　きぼう　ばしょ

A そうですね。
b 九州の別府あたりがいいですね。
きゅうしゅう　べっぷ

② 1 A a おしゃれで雰囲気のいい、リゾートホ
ふんいき
テルはありますか。

B はい。b 先日オープンしたばかりのホテ
せんじつ
ルがございますよ。

2 A a 料理がおいしくて海が近い宿はありま
りょうり　　　　　　うみ　ちか　やど
すか。

B はい。b お刺身のおいしい海辺の宿がご
さしみ　　　　　　うみべ　やど
ざいますよ。

3 A a ペットと泊まれるホテルはありますか。
と

B はい。b 犬と一緒に泊まれるホテルがご
いぬ　いっしょ　と
ざいますよ。

③ 1 A 7月9日は a 満室ですね。
がつここのか　　　まんしつ

B じゃあ、b いつなら空いていますか。
あ

A 10日なら大丈夫です。
とおか　　　だいじょうぶ

B じゃあ、その日にします。
ひ

2 A 7月9日は a 空席がないですね。
がつここのか　　　くうせき

B じゃあ、b 次の日はどうですか。
つぎ　ひ

A 10日なら大丈夫です。
とおか　　　だいじょうぶ

B じゃあ、その日にします。
ひ

3 A 7月9日は a もう予約が取れないですね。
がつここのか　　　　よやく　と

B じゃあ、b 平日でもいいんですが。
へいじつ

A 10日なら大丈夫です。
とおか　　　だいじょうぶ

B じゃあ、その日にします。
ひ

④ 1 A すみません。
a 予約の変更をしたいんですが。
よやく　へんこう

B b 予約番号はお分かりですか。
よやくばんごう　　わ

A はい。

2 A すみません。
a 出発の日にちを変えたいんですが。
しゅっぱつ　ひ　　　か

B b 前日の変更は手数料がかかりますが。
ぜんじつ　へんこう　てすうりょう

A はい。

3 A すみません。a レンタカーだけキャンセ
ルしたいんですが。

B b では、こちらにご予約のお名前をお願いします。

A はい。

ダイアローグ p.92

1 北海道のいろんなところを回りたいと思っています。

2 ８月２４日からです。

表現を広げよう p.93

1 A 隣の部屋の人と話したことある？

B 話どころか あいさつもしたことないよ。

2 A 夏休みはどこか旅行に行った？

B バイトが忙しくて海外旅行どころか 国内旅行もできなかったよ。

3 A 日本語の勉強はどうですか。

B 始めて３カ月になりますが、まだ 漢字 どころか ひらがなも書けないんですよ。

ロールプレイ p.94, 95

● 과제 1

客 あのう、きれいな夜景が見られるツアーを探しているんですが。

窓口の人 特にご希望の場所はございますか。

客 そうですね。香港がいいですね。

窓口の人 それでしたら、窓からきれいな夜景が見えるホテルがございますよ。

● 과제 2

客 ７月９日は空いていますか。

窓口の人 ７月９日は空席がありませんね。

客 じゃあ、いつなら 空いていますか。

窓口の人 10日なら大丈夫です。

客 じゃあ、その日にします。

● 과제 3

客 すみません。
予約をキャンセルしたいんですが。

窓口の人 キャンセル料がかかりますが。
よろしいですか。

客 はい。

Lesson 10
郵便局

ウォーミングアップ p.98

❶ はがき

❷ 切手

❸ 郵便番号

❹ 速達

❺ 書留

❻ 封筒

❼ ポスト

❽ 配達

いれかえ練習 p.100, 101

❶ 1 A すみません。８４円切手 a 4枚と b 絵はがき3枚ください。

B はい、c ５２５円になります。

2 A すみません。８４円切手 a 6枚と b 年賀

はがき3枚ください。

B はい、c 693円になります。

3 A すみません。84円切手 a 10枚と b 国際郵便はがき3枚ください。

B はい、c 1,050円になります。

② 1 A これ、a 速達でお願いします。

B はい、a 速達ですね。

A b 明日には届きますよね。

B はい。

2 A これ、a 着払いでお願いします。

B はい、a 着払いですね。

A b 不在の場合は再配達されますよね。

B はい。

3 A これ、a 配達日指定でお願いします。

B はい、a 配達日指定ですね。

A b 休日でも大丈夫ですよね。

B はい。

③ 1 A シアトルまで小包を送りたいんですが、a 一番安いものはどれですか。

B b 船便になりますね。

A 日数はどのぐらいかかりますか。

B c 2ヶ月ぐらいです。

A じゃあ、それでお願いします。

2 A シアトルまで小包を送りたいんですが、a 船便より早くて安いものはどれですか。

B b エコノミー航空便になりますね。

A 日数はどのぐらいかかりますか。

B c 2週間ぐらいです。

A じゃあ、それでお願いします。

3 A シアトルまで小包を送りたいんですが、a 1週間以内に届くもので一番安いものは

どれですか。

B b 航空便になりますね。

A 日数はどのぐらいかかりますか。

B c 6日ぐらいです。

A じゃあ、それでお願いします。

④ 1 A 中身は何ですか。

B a カップラーメンとお菓子が入っています。

A b 生ものは入っていませんね。

B はい、ありません。

2 A 中身は何ですか。

B a ビールとジュースが入っています。

A b びん類は入っていませんね。

B はい、ありません。

3 A 中身は何ですか。

B a スポーツ用品が入っています。

A b 貴重品は入っていませんね。

B はい、ありません。

ダイアローグ p.102

1 海外に小包を送って、手紙を出しました。

2 一番早いEMSは高いからです。

表現を広げよう p.103

1 A スーパーに行ってくるね。

B スーパーに行くなら、ついでに牛乳も買ってきて。

2 A クリーニング屋に行ってくるね。

B クリーニング屋に行くなら、ついでにこのスカートも出してきて。

3 A ごみ捨てに行ってくるね。

B ごみ捨てに行くなら、ついでにこれも捨てて
きて。

ロールプレイ p.104, 105

● 과제 1

客 すみません。
50円切手2枚と普通はがき3枚ください。
窓口の人 はい、289円になります。

● 과제 2

客 これ、書留でお願いします。
窓口の人 はい、書留ですね。519円になります。

● 과제 3

客 オーストラリアまで小包を送りたいんで
すが、一番安いものはどれですか。
窓口の人 船便で、4,000円になります。
客 日数はどのぐらいかかりますか。
窓口の人 2ヶ月ぐらいです。
客 じゃあ、それでお願いします。
窓口の人 中身は何ですか。
客 衣類とキッチン用品が入っています。
窓口の人 割れものは入っていませんね。
客 はい、ありません。

Lesson 11
美容院

ウォーミングアップ p.108

❶ パーマ

❷ カット

❸ カラーリング

❹ 前髪

❺ くせ毛

❻ ドライヤー

❼ 髪型

❽ シャンプー

いれかえ練習 p.110, 111

❶ 1 A 今日はどのようになさいますか。

B a パーマをかけたいんですが。

A b パーマですね。

B はい。
c ゆるめにかけてください。

2 A 今日はどのようになさいますか。

B a カラーをしたいんですが。

A b カラーですね。

B はい。
c 色はダークブラウンにしてください。

3 A 今日はどのようになさいますか。

B a トリートメントをしたいんですが。

A b トリートメントですね。

B はい。
c 一番高いものにしてください。

❷ 1 A どのぐらいカットしますか。

B a 全体的に少し軽くしてください。

A b 長さはどうしますか。

B c そのままにしてください。

2 A どのぐらいカットしますか。

B a 毛先だけ切って揃えてください。

A b 前髪はどうしますか。

B c 眉毛にかかる程度にしてください。

3 A どのぐらいカットしますか。

B a この雑誌のような感じにしてください。

A b 分け目はどうしますか。

B c 真ん中にしてください。

③ 1 A a 顔を小さく見せたいんですが、どうすればいいですか。

B b あごの長さで切って、c 内側に巻くのはどうですか。

A そうですね。

2 A a 少し大人っぽくしたいんですが、どうすればいいですか。

B b ゆるくパーマをかけて、c 前髪を横に流すのはどうですか。

A そうですね。

3 A a くせ毛で困っているんですが、どうすればいいですか。

B b 少しカットをして、c ストレートパーマにするのはどうですか。

A そうですね。

④ 1 A a 昨日、ここで a カラーをしたんですけど。

B はい。

A b 色が落ちてしまったんです。もう一度やり直していただけますか。

B そうですか。申し訳ございませんでした。こちらへどうぞ。

2 A 昨日、ここで a カットをお願いしたんですけど。

B はい。

A b 左右の長さが違うんです。もう一度やり直していただけますか。

B そうですか。申し訳ございませんでし

た。こちらへどうぞ。

3 A 昨日、ここで a ストレートパーマをかけたんですけど。

B はい。

A b まっすぐになっていないんです。もう一度やり直していただけますか。

B そうですか。申し訳ございませんでした。こちらへどうぞ。

ダイアローグ p.112

1 髪をカットしに行きました。

2 眉毛が見えるぐらい短く切りました。

表現を広げよう p.113

1 久しぶりに 先生に会えて よかった。

2 やっぱり今の 大学を選んで よかったです。

3 けがが たいしたことがなくて よかったです。

ロールプレイ p.114, 115

● 과제 1

店の人 今日はどのようになさいますか。

客 カットとパーマをお願いします。

店の人 どのぐらいカットしますか。

客 肩にかかる程度に切って、パーマはゆるめにしてください。

店の人 前髪はどうしますか。

客 少し軽くしてください。

● 과제 2

客 顔を小さく見せたいんですが、どうすればいいですか。

店の人 切らないで伸ばすのはどうですか。

客 そうですね。じゃあ、長さはこのままで、軽くパーマだけお願いします。

● 관계 3

客 昨日、ここでカラーをしたんですけど。

店の人 はい。

客 お願いした色と違うんです。もう一度やり直していただけますか。

店の人 そうですか。申し訳ございませんでした。こちらへどうぞ。

Lesson 12
会社

ウォーミングアップ p.118

1 上司

2 部下

3 出張

4 残業

5 書類

6 打ち合わせ

7 取引先

8 営業

いれかえ練習 p.120, 121

① 1 A 朝日貿易の佐藤ですが、
山田部長 a いらっしゃいますか。

B 申し訳ございません。山田はただいま b 席をはずしておりますが。

A では、またあとでかけ直します。

B かしこまりました。

2 A 朝日貿易の佐藤ですが、
山田部長 a いらっしゃいますでしょうか。

B 申し訳ございません。山田はただいま b 他の電話に出ておりますが。

A では、またあとでかけ直します。

B かしこまりました。

3 A 朝日貿易の佐藤ですが、
山田部長 a お願いします。

B 申し訳ございません。
山田はただいま b 食事に出ておりますが。

A では、またあとでかけ直します。

B かしこまりました。

② 1 A a 何かお伝えしておきましょうか。

B それでは、b 新製品のサンプルを送っていただきたいとお伝えください。

A かしこまりました。

2 A a 何か伝言がありましたら、お伝えしましょうか。

B それでは、b 明日の打ち合わせを3時に変更していただきたいとお伝えください。

A かしこまりました。

3 A a 私が代わりにご用件をお伺いいたしましょうか。

B それでは、b 今日中に携帯電話のほうに連絡していただきたいとお伝えください。

A かしこまりました。

③ 1 A 部長。先ほど吉田商事様から、お電話がありました。

a 至急、携帯に電話がほしい、とのこと
です。

B ああ、b 携帯に電話ね。分かった。

2 A 部長。先ほど吉田商事様から、お電話が
ありました。

a 会議の資料を今日中に届ける、とのこ
とです。

B ああ、b 会議の資料ね。分かった。

3 A 部長。先ほど吉田商事様から、お電話が
ありました。

a 調査の結果をメールで送ってほしい、
とのことです。

B ああ、b 調査の結果ね。分かった。

④ 1 A 金さん、ちょっと。

B はい、何でしょうか。

A a 製品の説明書が入っていないようだけ
ど。

B はい、申し訳ありません。

b すぐ確認します。

2 A 金さん、ちょっと。

B はい、何でしょうか。

A a 企画書がまだできていないようだけど。

B はい、申し訳ありません。

b 急いで終わらせます。

3 A 金さん、ちょっと。

B はい、何でしょうか。

A a 会議の日にちをまだ知らせていないよ
うだけど。

B はい、申し訳ありません。

b 至急連絡します。

ダイアローグ p.122

1 朝日貿易の佐藤さんから、山田部長にかかって
きました。

2 電話があったことを伝えてほしいとお願いしま
した。

表現を広げよう p.123

1 A どうしたんですか。

B 実は、明日のプレゼンの件で、お話したいこ
とがあるんです。

2 A どんなご用件ですか。

B あの、今回のプロジェクトの件で、部長にご
相談がありまして…。

3 A お世話になっております。

B すみません。次回の打ち合わせの件で、お電
話したんですが。

ロールプレイ p.124, 125

● 과제1

さくら貿易の社員	佐藤部長いらっしゃいますか。
朝日カンパニーの社員	申し訳ございません。 佐藤はただいま外出し ておりますが。何かお 伝えすることはござい ますか。
さくら貿易の社員	それでは、メールを送ったので確 認していただきたいとお伝えくだ さい。
朝日カンパニーの社員	かしこまりました。

朝日カンパニーの社員　部長。先ほどさくら貿易様から、お電話がありました。<u>メールを確認してほしい</u>、とのことです。

朝日カンパニーの上司	林さん、ちょっと。
朝日カンパニーの社員	はい、何でしょうか。
朝日カンパニーの上司	<u>最近報告書にミスが多いようだけど。</u>
朝日カンパニーの社員	はい、申し訳ありません。今後気をつけます。

2ND EDITION 다락원
뉴코스 일본어
STEP **4**

지은이 조영남, 채성식, 아이자와 유카, 나카자와 유키
펴낸이 정규도
펴낸곳 (주)다락원

초판 1쇄 발행 2013년 6월 10일
개정1판 1쇄 발행 2023년 9월 25일
개정1판 2쇄 발행 2024년 9월 23일

책임편집 이선미, 정은영, 송화록
디자인 장미연, 김희정
일러스트 오경진

다락원 경기도 파주시 문발로 211
내용문의: (02)736-2031 내선 460~466
구입문의: (02)736-2031 내선 250~252
Fax: (02)732-2037
출판등록 1977년 9월 16일 제406-2008-000007호

Copyright ⓒ 2023, 조영남, 채성식, 아이자와 유카, 나카자와 유키

ISBN 978-89-277-1281-7 14730
       978-89-277-1277-0 (set)

http://www.darakwon.co.kr
• 다락원 홈페이지를 방문하시면 상세한 출판 정보와 함께 동영상강좌, MP3 자료 등 다양한 어학 정보를 얻으실 수 있습니다.